Contrabass

もっと音楽が好きになる
上達の基本
コントラバス

前田芳彰 著
Yoshiaki Maeda

音楽之友社

はじめに

きっかけは友達

　私は中学２年生のとき、友達がいたのがきっかけで吹奏楽部に入部しました。それまではピアノを習ったりもせず、楽譜もほとんど読めず、音楽といえばジャズなどの好きな曲を聴いたりする程度だったので、「これが君の弾く楽器だよ」と、学校で購入したばかりの新品のコントラバスを渡されたときには、とても戸惑ったことを覚えています。大きくて、弦も押さえられなくて。教えてくれる人もいなくて、弓の持ち方も分からずぎゅうぎゅう握っていました。顧問の先生が教則本を買ってきてくれ、ようやく少しずつ弾き方が分かってきて、みんなで一緒に音楽をつくり上げることが面白いと感じるようになってきました。

合奏で「ハマる」

　そのうちに、コントラバスが合奏で重要な役割をになっていて、合奏のときにこそ面白くなることに気が付きました。合奏の中で「ハマる」感じが心地よくて。そして、

ゲヴァントハウス・バッハ・オーケストラが来日したときに聴いたバッハの《ブランデンブルク協奏曲》全曲が本当に美しく、「こういうふうに弾けるようになりたい」と思ったのを思い出します。その後も優れた演奏家たちの音を聴いたりしているうちに、自分なりに向かっていきたい目標のようなものが見えてきました。音大へ進んだ後も、経験豊富な先輩たちと一緒に演奏している中で、たくさんのことを教えてもらいました。オペラでの出るタイミング、楽団員としての生きざまなど、本当に面白い経験ができました。

　私の場合は周りの人たちや先生にとても恵まれ、ここまでコントラバスを続けてきましたが、誰でも初めは戸惑うこの巨大な楽器を弾くために、この本が少しでもみなさまの手助けになれば！と思います。

　では早速、体の使い方から順に解説していきましょう。

前田芳彰

もっと音楽が好きになる
上達の基本 コントラバス

C O N T E N T S

はじめに 2

きほんの「き」 音楽を始める前に　　　　　　　　　　　　　7

| その❶ コントラバスという楽器 8
| その❷ 姿勢・立ち方 10
| その❸ 楽器を持ってみよう 12
| その❹ ボウイングの基礎 14
| その❺ きほんの「き」プラスα 22

きほんの「ほ」 自由に音を奏(かな)でよう　　　　　　　　　25

| その❶ 目指す音 26
| その❷ 弦を押さえてみよう 28
| その❸ ボウイングあれこれ 46
| その❹ デイリートレーニング 54
| その❺ 触れておきたいメソッドやエチュードの使い方と紹介 56
| その❻ きほんの「ほ」プラスα 58

きほんの「ん」 奏法から表現へ ……… 61

- その❶ ソロ楽器としてのコントラバス ……… 62
- その❷ アンサンブルの楽しみ ……… 63
- その❸ 曲の様式と表現 ……… 68
- その❹ 特殊奏法 ……… 72
- その❺ 吹奏楽の中のコントラバス ……… 76

きほんの「上」に 楽しく音楽を続けよう ……… 77

- その❶ 楽器のメンテナンス ……… 78
- その❷ 楽器を習う、教える ……… 83
- その❸ 失敗に学ぶ ……… 86
- その❹ 弾くことは聴くこと ……… 88

おわりに ……… 90

特別寄稿 「本番力」をつける、もうひとつの練習
● 誰にでもできる「こころのトレーニング」（大場ゆかり）……… 92

[とじこみ付録] 前田芳彰オリジナル　デイリートレーニング・シート

※ 本書は『Band Journal』誌 2004年5月号から 2005年4月号に連載された「演奏に役立つ ONE POINT LESSON」を元に大幅な加筆訂正を行ったものです

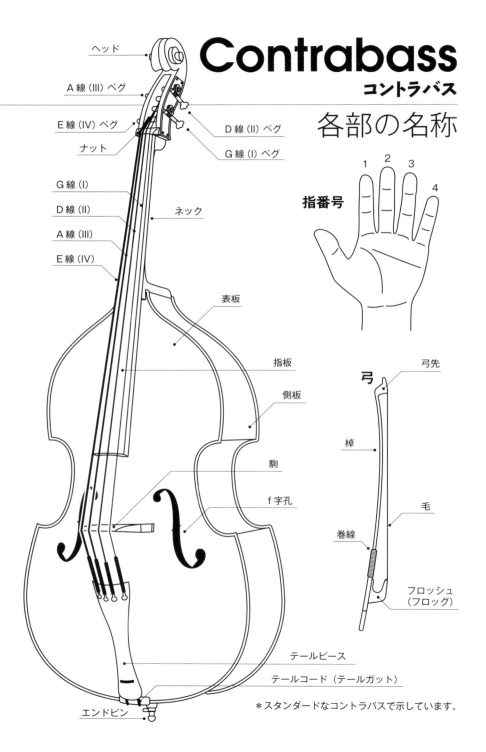

きほんの「き」

音楽を始める前に

Contrabass

コントラバスという楽器

●コントラバスの歴史

　コントラバスの起源は今から450年ほどさかのぼった、ちょうどルネサンス期にあたります。その頃はヴィオラ・ダ・ガンバ属の弦楽器によるアンサンブル（コンソート）が盛んでした。主に音域の高いものからトレブル、アルト、テノール、バスとさまざまな音域のヴィオラ・ダ・ガンバがありましたが、中でも最低音域をになう楽器として「コントラバス・ヴィオール」「ヴィオローネ」などと呼ばれていたものが今日のコントラバスの祖先にな

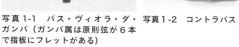

写真1-1　バス・ヴィオラ・ダ・ガンバ（ガンバ属は原則弦が6本で指板にフレットがある）

写真1-2　コントラバス

写真1-3　チェロ（ヴァイオリン属）

ります。声楽の伴奏としての器楽演奏が盛んな時代だったので、アンサンブルの音をふくよかに、さらに巨大化する役目を与えられていました。

　写真1を見てください。コントラバスを、ヴァイオリン属のチェロ、そしてヴィオラ・ダ・ガンバと比べてみると、ヴァイオリン属とは明らかに形が違い、ヴィオラ・ダ・ガンバの仲間だと分かるでしょう。ネックからつながる楽器の肩がなで肩になっていますね。また、調弦もヴァイオリン属は5度調弦が基本であるのに対し、コントラバスはガンバ属と同じ原則4度調弦となっています。このように、ヴァイオリン属の仲間と思われがちなコントラバスですが、実はさまざまな楽器の特徴を考えていくと、ヴィオラ・ダ・ガンバの系譜であることが分かります。

　そして、チェロのように足で楽器を挟んで演奏するバス・ヴィオラ・ダ・ガンバのさらに1オクターヴほど低い音域をコントラバスはになうのですから、必然的に弦も長くなり、またその弦をしっかり支えて鳴らすためには、やはりボディも大きくなりますね。

●現在のコントラバスになるまで

　フランス、イタリアでは19世紀まで3弦コントラバスが主流でした。低弦を除くことで軽さを出そうとしたのでしょう。その後、3弦バスと4弦バスが混在するようになり、20世紀直前に、チェロのC線のオクターヴ下を出したいという作曲家や指揮者の要望から、C線かH線のある5弦バスが登場しました。現在プロ・オーケストラでも5弦バスが半分以上を占めることが多く、4弦バスと5弦バスが混在している過渡期と言えます。ただ、5弦バスは弦と弦の間が狭くなっているのでピッツィカートがしづらく、ポップスやジャズでは弾きにくいかもしれません。

　このように、さまざまな変遷を経て現在に至っているコントラバスですが、ここ50年くらいでソロ楽器としての地位を確立しソリストも増えたことで、さらに改良が進み、より機能的になってきたように思います。

姿勢・立ち方

●良い姿勢とは?

　皆さんは、「良い姿勢」というとどのようなイメージを持ちますか?

　必要によって大きくなってしまったコントラバスという楽器を扱うには、言うまでもなく姿勢が重要です。まずは、基本の姿勢・立ち方について考えていきましょう。

　コントラバスを構えるとき、一般的には「真っすぐ立つ」よう教わると思います。では、真っすぐ立つとはどういうことでしょうか? 「気を付け!」の姿勢でしょうか? それとも背中を真っすぐにすればよいのでしょうか?

　おそらく、真っすぐという姿勢のまま楽器は弾けません。そうなると、どのような姿勢が楽器を弾くのに「良い姿勢」なのでしょうか。良い姿勢(「正しい」という言葉は使いません)にいちばん大切なのは、**「きちんと呼吸ができているか」**ということだと思います。「弦楽器なのに、呼吸?」と思われるかもしれませんが、実は管楽器以外の楽器、ピアノやヴァイオリンなどでも呼吸が大事なのはよく知られているところです。

●呼吸ができているか

　では、呼吸のことを考えてみましょう。「呼吸なんていつもしているから大丈夫」とは思わないように! 意識をして深く呼吸をすることができる人は、意外に少ないものです。

　まず、**写真2**のように座りましょう。そして顎を少し引いて、背中を伸ばしながら鼻でゆっくり息を吐きます。ここで大事なのは息を吸うのではなく吐くということです。十分に吐ききったと思ったら、今度はゆっくり吸ってみましょう。そしてまた息を吐きます。これを10回ほどやってみてください。その間に、いちばん息が自然に吸える上半身の姿勢を探してみてください。

どうですか？ 楽に呼吸ができるようになりましたか？ 個人差はあると思いますが、おそらく「真っすぐ背筋を伸ばして」という感じではないのではないかと思います。この「上半身の力が抜けて呼吸が大きく楽にできる」状態を、立った姿勢でもできるようにしましょう。実際に立ってみて、先ほど行った深い呼吸をしてみてください。

意外に難しいと思いませんか？ **写真3**のように立ってしまうと、呼吸はあまり深く入りませんね？ では、どうすると楽に深い呼吸ができるでしょうか。

まず、**写真4**のように足を少しひろげて、膝を曲げずに少しリラックスしてみてください。そうすると上半身が楽になるのを感じると思います。そして背筋を伸ばすというより、腰に体を乗せているような感覚で、上半身を動かしてみてください。それから顎を前に出さないよう気を付けながら息を吐き、そして大きな呼吸をしてみましょう。どうですか？ 背筋をピンと伸ばすより呼吸が楽になるのを感じると思います。

この姿勢が立つときの基本になります！

写真2　吐くときは吸うときより少し速めに

写真3　背中をピンと伸ばすと呼吸が深く入らない

写真4　腰に体を乗せている感じで

楽器を持ってみよう

●楽器との位置関係

さて、基本の姿勢が決まったところで、いざ楽器を持ってみましょう。

楽器の裏板の角が、体の中心と腰骨の出っ張りの真ん中か、少し腰骨に寄るように置きます。そして、楽器と自分が上から見て**図1**のような位置関係になるようセッティングをします。

図2のような位置関係だと、一番自分に近い側に張られたE線を弾くとき、体が弓の軌道を邪魔してしまいます。

基本的には、下のほうの音域(自分に近いE線側)を弾くときも上の方の音域(自分から遠いG線側)を弾くときも、楽器と奏者の位置関係が変わらないことが大切です。

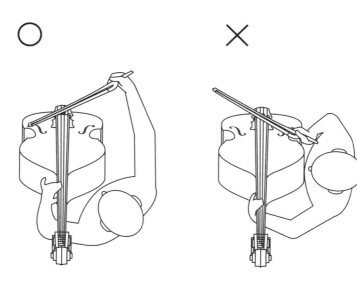

図1　楽器と奏者のよい位置関係　　図2　これではE線が弾けない

●楽器の角度

ここで、考え方や体の大きさによっても意見が分かれるのですが、楽器自体の角度について少し考えてみましょう。

写真5　楽器が垂直なので弓を真っすぐ動かしやすい　　写真6　少し斜めにすると高いポジションが弾きやすい　　写真7　ここまで傾けると弓の角度に工夫が必要

この3つの写真を見て、どのような感想を持ちますか？

まず、**写真5**は楽器が地面に対して垂直に立っています。この場合は弓を真横に動かしやすいです。

次の**写真6**はどうでしょう？　少し斜めになっていますね。身長が少し低めだったり、あるいは高い音のポジションを弾くときはよいかと思います。

写真7はどうですか？　この場合は弓の使い方を工夫しないと、弓が当たる場所が弓の元と先で移動したりしやすくなります。

これら3つのセッティングはプロの奏者が実際に使っている方法です。どれが正解ということはありませんので、ぜひいろいろ試してみてください。私は**写真6**くらいの角度で弾いています。

はじめのうちは、どうしても楽器をのぞき込みたくなりますが、背中が丸まってしまうので、鏡や窓に自分の体を映して、よい姿勢が保たれているか確認するようにしましょう。

ボウイングの基礎

●弓の持ち方（ジャーマン・ボウ）

さて、姿勢が決まったら、弓を持ってみましょう。

弓の持ち方ですが、大きく分けて「親指を弓につける方法」「人さし指を弓につける方法」の二つの考え方があります（ジャーマン・ボウ※の場合）。もちろん、この二つの持ち方の中でもさまざまな方法があります。

※ジャーマン・ボウのほかにフレンチ・ボウがあり、フレンチ・ボウの場合は、ヴァイオリンやチェロと同じような持ち方になる

●親指の先を弓につける方法

写真8　力を抜いた状態で手のひらを上に向ける

写真10　親指の先が弓に触れるように

写真9　弓のフロッシュが薬指の付け根あたりにくるように

●人さし指の先を弓につける方法

写真11　人さし指を弓に沿わせるように

写真12　人さし指に親指が沿うように

「弓を持つ」とは言いますが、実際は鉛筆と一緒で「がっちり持つ」というわけではありません。私もよくドイツ人の先生に「nicht halten！(ホールドしない！)」と言われました。弓を弦に乗せている感覚です。

●実際に音を出してみよう

では、開放弦で実際に音を出してみましょう。一般的には実音で練習を始めるのですが、初めて楽器に触れる人が音を出そうとすると、弦が重く無駄な力が入りやすいので、**譜例1**のようにフラジョレット（ハーモニクス）を使って始めたいと思います。

譜例1　音符の上の o はフラジョレットの指示

弦の長さの半分ほどの位置に指を軽く触れて、開放弦のオクターヴ上の音を出します。このとき、**写真13**のように弦を見るために頭を下げると背中が丸まり過ぎて、肩から肘にかけての動きが制限されてしまい、正しい動きを体が覚えてくれません。実際の演奏のときに弦のあたりを見ることはほとんどありませんから、基礎練習のときからなるべく弦を見ないようにしましょう。鏡やガラスに映して確認するのもお勧めです。

写真13　このようにのぞき込まないように！

●弓の軌道

　よい姿勢を保ったまま、ゆっくりしたテンポで2拍ずつ弾きます。大きな音量を出そうと思わず、弓が真っすぐ動くように注意してください。楽譜の指示のとおりのテンポで弾けるように、メトロノームを使いましょう。メトロノームを使うと弓の配分を把握しやすくなります。何度も繰り返し練習しましょう。

写真14　弓の軌道が真っすぐ

写真15　弓先が下がってしまっている

　弓の軌道は**写真14**のように真っすぐのイメージです。ここで気を付けたいのは肩から腕の動きです。弾くときには右肩を少し落としますが、肩から肘がしっかり動くように心掛けましょう。

　悪いパターンは、**写真15**のような形です。これは、肘を自分の体に引きつけてしまい軌道が斜めになってしまうため、弓先が下を向いてしまっているのです。弓の元から弾き始めたとき、弓の真ん中あたりからは、肘から先を少し遠くに運ぶイメージで弾いてみましょう。

譜例1でうまく弓の運びができるようになったら、次の譜例2を練習しましょう。全音符ですが、3拍目あたりで弓の毛の長さの中間くらいを通過するようにして、弓から弓の先まで動かすスピードがなるべく一定になるように！

譜例2　弓のスピードをなるべく一定に

　フラジョレットで音を出すのに慣れてきたところで、譜例3を見てください。弦を押さえない開放弦の音を出してみましょう。このときに注意したいのは、**オクターヴ上のフラジョレットを弾くときと、開放弦を弾くときで、右手の動きを変えない**ということです。なるべく弓に対して腕や指で圧力をかけないようにしましょう。

譜例3　*mp* から *mf* くらいの音量を意識する

　ボウイングのチェックのために、しばらくは譜例2のフラジョレットで練習を始めるとよいでしょう。最初はつい弓をぎゅっと握ってしまいがちですが、フラジョレットでの練習は欧米では最近試されてきたもので効果が高く、弦が軽くなった状態で弾くことで、自然と手首の力も抜けてきます。

●手首について

　手首の使い方は、本当にいろいろな考え方があり、これが正解というのがない、あるいはみんな正解なのだと思います。ここでは私が使っている2種類の使い方を紹介します。次ページの①の方法では、弓元から弓先まで弓にかかる圧力を変えずにすみ、②では弓元から弓先まで力を抜いて弾くことができます。どちらの方法も指から手のひら、手首にかけて力はかけません。なるべく関節を柔らかくして弾ける状態がよいでしょう。

①弓元と弓先で手首の形を変える方法

写真16

写真17　弓にかける圧力を変えずにすむ

②弓元から弓先まで手首の形をあまり変えない方法

写真18

写真19　弓元から弓先まで力を抜いて弾くことができる

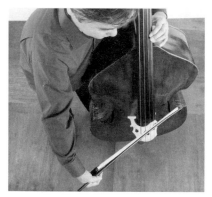

写真20　腕を大きく使い、楽器に回り込ませるように

　上記以外にもさまざまな方法が存在します。いちばん大切なのは、どの関節も柔軟にしておき、力を入れ過ぎずに弾くということでしょう。柔軟であれば、どのような動きにもしっかり対応できるということですから！

　さて、これまでの開放弦の練習はD線（2番線＝楽譜ではⅡと表記）とA線（3番線＝Ⅲ）でやってきま

譜例4　G線とE線のフラジョレット練習

譜例5　今度は全音符で

譜例6　開放弦そのままの音で

した。次に**譜例4〜6**を使ってG線（1番線＝I）とE線（4番線＝IV）にもトライしてみましょう！

　G線は体からいちばん遠くなる弦です。体の小さい方には少し難しいかもしれませんので、**写真20**のように腕を使ってください。多少弓が下を向いてしまってもかまいません。

　E線は体にいちばん近い弦です。このときにも、楽器と体の関係が悪いと弓を自由に使うことができませんので気を付けましょう。

　では、**譜例7**で全弦を使った練習をしましょう。**弓を動かすとき、重力を利用して演奏する意識をもつ**とよいでしょう。楽器を寝かせて弓をあてると力を入れなくても音が出ます。逆に無理にコントロールしようとすると音が悪くなるものです。まずは楽器と弓だけの音を体験していきましょう。

譜例7　全弦を使った練習

●移弦

　全弦の練習をしたところで、移弦の練習へ進みたいと思います。弦楽器で厄介なのが、この「**移弦**」です。**譜例8**を使って練習していきます。最初のうちはなかなか滑らかに弦を移ることができないと思いますが、何度も弾いて「この角度ならG線」などと体が覚えていくようにしましょう。この練習をするときにも、なるべく弦と弓を見ないことが大事です。見なくてもどの弦を弾いているか分かるように、繰り返し練習しましょう。

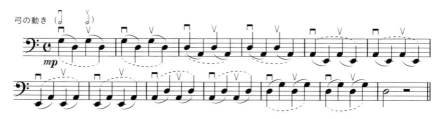

譜例8　点線スラーのボウイングでも弾いてみましょう

　次に、**譜例9**を練習してみましょう。大きな音は必要ありません。大事なのは、なるべくスムーズに移弦ができるようになることです。

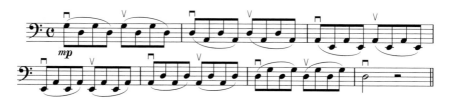

譜例9　今度は8分音符で

　図3を見てください。隣り合う二つの弦の移弦は、なるべく弓がばたつかないように、ほんの少し角度を変えるだけですむように練習しましょう。弓の手元の部分が滑らかに動き、軌跡が**図4**の波線のようになるとよいでしょう。⌐｣⌐のように見えると、移弦をするときにショックが大きく、移弦を含むフレーズを弾くときに音が切れる原因の一つになります。

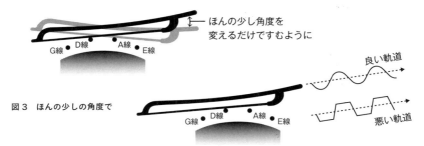

図3 ほんの少しの角度で

図4 弓の軌道がなめらかになるように

譜例10 は弦をまたいだ移弦の練習です。音符以外の弦にはなるべく触れないように努力してください。下のスラーのボウイングはさらに難しいのですが、すばやく滑らかに移弦できるようにしてください。

譜例10　弦をまたいだ移弦練習

　移弦練習ではなるべく均一な音色を目指しましょう。ただし各弦の特性もあるのであまり厳密になり過ぎなくてもよいです。

　コントラバスはヴァイオリンほど各弦の音色が違うわけではありませんが、弦楽器はすべて4本の弦の太さと張りの強さが違います。コントラバスの場合、G線は明るい音、D線は柔らかめ、A線は柔らかくて深い音、E線は柔らかめの音、というようなイメージでしょうか。この弦のキャラクターを利用してフレーズをつくることもありますが、現段階ではそこまで音質を変えないようにしましょう。

　また、コントラバスはA線とG線にヴォルフ[※]が出やすいです。この場合はヴォルフが出る横の弦を押さえるか、市販のヴォルフ・キラーを使いましょう。

※ヴォルフ（ウルフ）：楽器の構造上の問題で音がひっくり返る。ヴォルフは邪魔なものと思われがちだが、ヴォルフが鳴っている状態に合わせていくともっと音が鳴る、という発想もある

きほんの「き」プラスα

●体の使い方を模索する

　コントラバスは巨大な楽器であるだけに、最初に無理をし過ぎると肩や指を痛めてしまう可能性があります。もしも**体のどこかが痛くなったらすぐ休む**ようにしましょう。また、体格が小さめだったり体幹が鍛えられていないと無理が出やすいので、腕周り、背筋などを鍛えるよう心掛けましょう。野球や剣道の素振り、テニス、ウォーキングなど体幹を鍛える動きはたくさんあります。体育の授業もサボらずしっかりやりましょうね。少し弾きやすくなりますよ。

　ですが、ずっと立って弾いているのもなかなか大変なものです。体力しだいではありますが、自分の体がつらくないかよく考え、常に良い状態で弾くことを目指して、頭を使って練習していきましょう。

●弓の張り方

　弓の毛はどれくらい張っていますか？　もちろんこれに決まりはないのですが、弓を傷めずに使うという見方から述べていきたいと思います。

　皆さんの弓は、毛を緩めたとき、ほとんどの弓が**写真21**のように**しなる**と思います。では演奏するときのように毛を張るとどうでしょう。**写真24**を見てください。もともとカーブの少ない弓なら仕方ないとしても、ここまで張ると棹(さお)に負担がかかるうえに、弦楽器特有の奏法、例えばスピッカートなどが響きを伴うものではなくなってしまいます。

　私は、弓の悼がもっているカーブがあまり変わり過ぎないようにして、なおかつ f で弾いたとき、毛が悼につかない程度に注意しています。弓のカーブが変わらない程度に、自分の好みの音が出る張り方を研究してみてくださいね。そして、練習終了後は毛を緩めるのを絶対に忘れないように！

写真21　指で挟むと毛と弓がくっつくくらいのしなりが必要（むやみに毛を触らない）

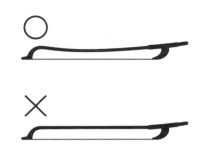
図5　弓のしなりがなくなるのは張り過ぎ

●大きな音で弾くには？

「どうすれば大きな音が出せますか？」　よく受ける質問ですが、大きな音、いわゆる f と指示された音はどうすれば出るのでしょうか？

私は、3つの方法があると考えます。まず弓のスピードを速くするというものです。**譜例11** を弾いてみてください。4分音符の間に、弓の根元から先までを一気に使います。かなり速く弓を動かさなければなりません。

譜例11　音を出す直前に弓を弦の上で止めることも大事

二つ目は、弓を駒のそばに近づける方法です。近づけた状態で**譜例12**を弾いてみてください。これは一つ目の方法とは違い、弓をゆっくり使います。

譜例12　アクセントをつけず、なるべく平坦な音で

3つ目は、弓に腕の重さをかける方法です。これはうまくやらないと無駄な力が入ってしまいます。コツは肘が硬くならないように気を付けることでしょう。譜例には書きませんが、どのような音でも練習できます。弦の振動が大きくなるように工夫してみましょう。

　これら3つを組み合わせて弾くこともありますので、音楽の表情に合ったfの音を研究してみてください。

●弓は弦に対して直角？

　弦に対する弓の角度についてはいろいろな考えがありますが、仮に「直角が正しい」としても、常に真正面から見て直角であるかというとそうでもないのです。図6を見てください。正面から見て直角であることを要求されると、すべての弦でこのような弓の軌道になるはずです。しかし、弦は楽器に対して平行についているわけではなく、横から見ると駒に向かって角度をつけて張られていますので、G線やE線のように外側に張られた弦を弾くときには、少し角度を変えて弾かなければ直角になりません。つまり横から見て直角であるためには、G線で図7のように弓を少し斜めにセッティングしなくてはならないことになります。角度のイメージとしては図8のような感じです。

　私が思う直角とは、弦によって異なります。しかし、E線に関しては、厳密に直角を守ろうとすると、体で弓を押さえつける弾き方になりやすいので、D、A線の角度で弾いたほうがより楽な姿勢で弾けるのではと思います。

　これにはさまざまな考え方がありますが、まずは一度試してみてほしいと思います。大事なのは、いろいろなことを試してみて、自分にとって良い音が出るように工夫していくことなのです。

図6　正面から見て直角

図7　G線では少し斜めにする

図8　各弦の角度のイメージ

きほんの「ほ」
自由に音を奏でよう

Contrabass

目指す音

　きほんの「き」で開放弦の練習をしましたが、そのときに出た音を、弦を指で押さえた状態でも出せるようにしましょう。大事なのは、**基礎練習をしているときに大きな音を出さなくてはいけないと思い過ぎないこと**。音量の幅を使って表現することはもちろん大事ですが、mf から mp くらいまでの音量の間で基礎の練習をすることが大切です。最初から f で練習してしまうと、力が入りやすくストレスになりやすいものです。かといって p から pp で練習してしまうとどうしても左手が弱くなってしまうので、避けたほうがよいでしょう。

●左手について

　では、ここから左手の使い方を説明しましょう。

　まず、まったく力の入っていない状態でテーブルなどに左肘から先を置きます。**写真22**のように、楽器の側面を使ってもよいでしょう。そして手のひらを広げたら、人さし指と中指、中指と小指が均等になるように広げます（**写真23**）。そして、人さし指から小指までの指先が一直線になるように形を作り、その形のまま楽器に指を置いてみましょう（**写真24**）。

写真22　まず手のひらを広げる

写真23　指先が一直線になるように

写真24　そのまま指板に置く

さて、ここからが問題です。ネックを挟んで反対側にある親指はどのようにしたらよいでしょうか。実はこの親指に関してはいろいろな意見があり、これ！という答えはありません。では、実際にはどのような方法がとられているかというと、以下の大きく分けて3つの方法があると思います。

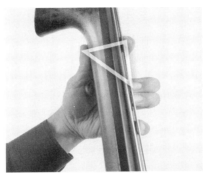
写真25　親指をネックを挟んで人さし指の向かい側に置く方法。肘が上がり過ぎず長時間の演奏でも疲労しにくい

写真26　親指を中指の向かい側に置く方法。指をしっかり押さえられ、左手の形が崩れにくい

写真27　親指が人さし指と中指の間にくるようにセッティングする方法

写真27の方法は、**写真25**、**26**の方法の利点を生かせますが、同時に欠点も引き継ぐので注意しましょう。**写真25**は指の開きが甘くなる傾向にあり、**写真26**は肘が高く上がるので疲労を覚えやすいです。

いろいろ試してみて、自分なりの「この位置！」というのを見つけてください。ちなみに私は、**写真27**の方法で弾いています。

弦を押さえてみよう

音の高さによって左手の弦を押さえる位置が変わりますが、これを**ポジション**と言います。ポジションには一つ一つ性格と難しさがあるので、それぞれのポジションを丁寧に読んでください。

まずはしっかりとしたフォームを作ることが大切です。もちろん、音楽の表現として左手を自在に使う場面は多々ありますが、基本の形を十分体得し、そこからアレンジを加えることではじめて実現できます。ポジションの数が多いですが、めげずにすべて練習しましょう。

●第1ポジション

では実際に弦を押さえてみましょう。
まずは第1ポジションからです。

譜例13　第1ポジションで出せる音。音符の下の数字は指番号（1＝人さし指、2＝中指、3＝薬指、4＝小指）

写真28　第1ポジションの左手の位置

ほとんどの教則本はハーフ・ポジションから始めるのですが、ハーフ・ポジションはナットの位置に近く、弦を押さえるのに力が要ります。そのため、私はハーフ・ポジションを飛ばして第1、第2ポジションを練習してからハー

フ・ポジションに戻るよう指導しています。第1、第2ポジションならハーフ・ポジションよりもはるかに押さえやすく、指が弦に早くなじみます。そして、それぞれのポジションでどの指がどの音になるかすぐ分かるようにしていきましょう。**譜例14**で慣れていきましょう。

譜例14　ポジションを効果的に指になじませる練習

慣れてきたら音階にも挑戦しましょう！　**譜例15**がト長調の音階です。第1ポジションでは、G線だと♪、♪、♪、D線なら♪、♪、♪、A線なら♪、♪、♪の音が取れ、短音程が出てこないので明るい響きがつくれます。

譜例15　第1ポジションでつくれるト長調の音階

●第2ポジション

譜例16　第2ポジションで出せる音

第2ポジションは第1ポジションの半音上、第1ポジションの中指の位置に人さし指を移動させて作るポジションです。
　G線では♪、♪、♪になるので、ロックっぽい音程がつくれます。では、このポジションでも**譜例17**で指がなじむように練習しましょう。

譜例17　移弦のときに下を見ないように気を付けて！

●ポジション移動

　ここで、さまざまな曲を演奏するために必要な「**ポジション移動**」についてお話しておかないといけませんね。弦楽器において、このポジション移動という作業はとても重要です。最初にポジション移動をスムーズにできるようにしておかないと、上達が遅れますし音程が安定しなくなります。

　では、実際にどのようにポジション移動をするのでしょうか。まずは**譜例18**で練習してみましょう。指番号と指番号の間の—のところでポジション移動をします。

　移動するときの注意点は、**人さし指から小指までの左手の形が崩れないように、肘から親指にかけて一緒に動く**ことです。これは音程を取るためにとても大切なポイントとなります。

譜例18　G線での第1ポジションから第2ポジションへの移動

　では、ほかの弦でも練習してみましょう。地味な練習ですが、この動きを覚えると音程が安定してきます。

譜例19　D、A、E線での第1ポジションから第2ポジションへの移動

E線の親指の位置

　E線を押さえるとき、A、D、G線を弾くときの親指の位置だと少し遠く感じるか、あるいは手のひらがネックについてしまうと思います。ネックに手のひらが接触していると、ヴィブラートがかけづらく、ポジション移動もスムーズにいきません。E線を弾くときには、**写真29**のように親指の位置を少し左にずらすとよいでしょう。その際、肘も少しだけ外側にし、手首の角度も少し変えます。この状態で、E線でのポジション移動の練習をしてみましょう。

　また、このとき人さし指から小指にかけての形にも気を配りたいものです。これはE線に限らずどの弦を押さえるときにも注意してほしいことなのですが、人さし指、中指、薬指、小指それぞれの第一関節が真っすぐに伸びてし

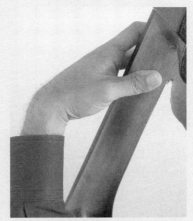

写真29　親指を少し左側にずらす

まってはいないでしょうか。

　弦を押さえるときには、**写真24**（p.26）のように、第一関節もしっかり曲げて、指全体が丸い形になるようにしましょう。そのためには、もちろん爪を短くしておくことも大事ですね！

● ハーフ・ポジション

　では、いちばん指を開かなくてはいけないハーフ・ポジションです。第1ポジションとともに、使用頻度の高いポジションだと思います。人さし指から小指まで大きく開くイメージで、しっかり形を作りましょう。G線では 𝄢 、𝄢♭ 、𝄢♭ 、𝄢 、𝄢 、𝄢♭ が取れ、短音程の暗めの音が出せますね。

譜例20　ハーフ・ポジションで出せる音　　　写真30　ハーフ・ポジションの左手の位置

※ A、E線でも同様に

譜例21　ハーフ・ポジションから第1ポジションへの移動

※ A、E、D線でも同様に

譜例22　ハーフ・ポジションから第2ポジションへの移動

　では、ポジションの広さというのは、実際にはどのくらいなのでしょう？
　図6は、弦の張力はまったく考えられていないので、ある程度の目安だと思ってください。ハーフ・ポジションの人さし指から小指までの広さは、10.71cmとなります。ちょっと定規などでこの広さを確認してみてください。意外に広いことが理解できると思います。

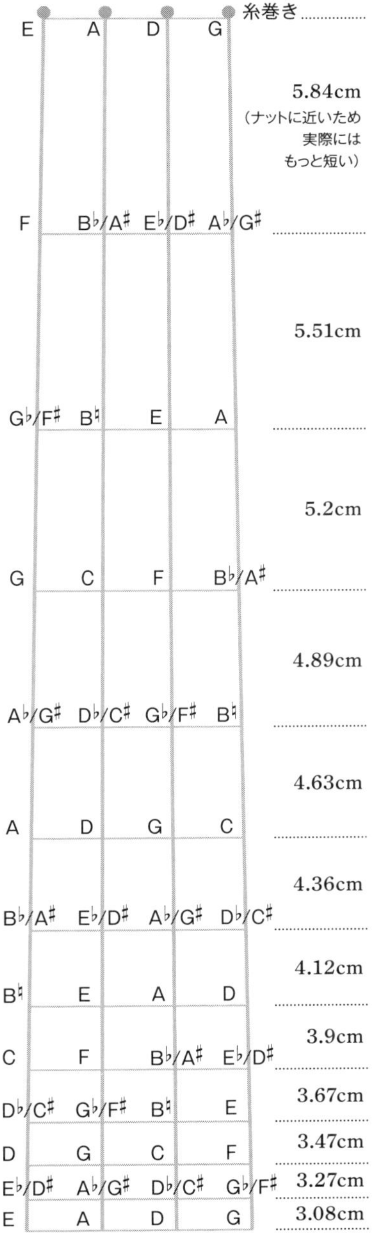

さて、ここまでのポジションで以下の9つの長音階ができるようになりました。付録のデイリートレーニング・シートを使ってぜひ試してみてくださいね！

第1ポジション
ト長調（①）
ハーフ・ポジション
変ロ長調（③）
へ長調（④）
ハーフ・ポジションと第1ポジション
イ長調（⑥）
変イ長調（⑧）
ホ長調（⑩）
ロ長調（⑪）
変ト長調（⑫）
第1ポジションから第2ポジション
ハ長調（②）

※丸番号はデイリートレーニング・シート「12の長音階」の番号

それから、ハーフ・ポジションを習得する際に、背が低めの人は肘が肩より上に上がってしまう場合があります。疲れや痛みを感じたら練習を中断してください。体に負担がかかる姿勢なので、習得にはあせらず長い時間をかけましょう。

図6　各弦の指板上で出る音と、音間の広さ
（弦長は104cmとして計算）

きほんの「ほ」

●２と３の中間ポジション

　目安となる場所がどこにもないので、とても音程の取りづらいポジションです。例えばハーフ・ポジションならナットからの距離や、ネックのカーブからの親指の感覚で取ることが可能で、第１ポジションはそこから半音上。第２ポジションは少し難しいですが、ハーフ・ポジションから全音上という感覚です。しかしこの２と３の中間ポジションは、ハーフ・ポジションからは距離が遠いので、第３ポジションをネックのカーブの部分近くに小指を置いて作ってから、半音下げるという面倒な取り方をしなくてはいけません。

譜例23　２と３の中間ポジションで出せる音

　、　、　が取れ、　、　が長３度で明るく、　は次の　に行きたくなるような感じですね。

　ここで提案です。このポジションの中指の場所に印を付けてみませんか？ネックなどに印を付けるのは、頼り過ぎてはいけないのですが、はじめのうちはよいのではないかと思います。柔らかな鉛筆で印を付けるか、小さなシールを貼るとよいでしょう。

※ A、E 線でも同様に

譜例24　第２ポジションから２と３の中間ポジションへの移動

※ A、E 線でも同様に

譜例25　第１ポジションから２と３の中間ポジションへの移動

譜例26　ハーフ・ポジションから2と3の中間ポジションへの移動

※ D、A、E線でも同様に

　第1ポジションからの移動あたりから少し難しくなります。ハーフ・ポジションからの移動では、初めて人さし指が小指を、小指が人さし指をそれぞれ乗り越える作業をします。今までは一つ前のポジションの指を目安に移動ができましたが、乗り越える場合は目安となる場所がなく、感覚に頼る部分が大きくなります。このとき**ポジション移動の基準になるのは、指板側ではなくてネック側の親指とそれに連動する肘**です。何度も練習してその感覚を身に付けましょう。この2と3の中間ポジションでできるようになる音階は、変ニ長調（デイリートレーニング・シート「12の長音階」⑨）です。

●第3ポジション

　このポジションは、楽器によりますが、ある程度の目安になるところがあります。**写真31**のように、手のひらの小指側の側面をネックのカーブの部分に当てます。そこから、指を広げ第3ポジションの形を作るというやり方です。この方法は第3ポジションで弾き始めるときに有効です。ただ、楽器によってはまったく使えない場合があるのでご注意を！

譜例27　第3ポジションで出せる音

写真31　第3ポジションの左手の位置

では、今までやってきたポジションから第3ポジションへの移動を実践していきましょう。

譜例28　ハーフ・ポジションから第3ポジションへの移動

　ここで難しいのは、ハーフ・ポジションの小指から第3ポジションの人さし指への移動になります。全音をまたぐ移動をしなくてはいけません。この場合も腕全体で移動するのが基本なのですが、少し考えなくてはいけない問題も出てきます。第3ポジションに指を置いて、今までの腕の形にしていると、腕の一部が楽器の横板か裏板に当たっていませんか？　こうなると先々、ヴィブラートをかけるときに邪魔になってしまいます。**第3ポジションでは、腕が楽器に触らない程度に肘を上げることが必要**になると思います。音程が取りづらい場合は**譜例29**を練習してみましょう。

譜例29　途中の第2ポジションにも指を置き、移動の距離を身体に覚えさせる練習　　※ D、A、E 線でも同様に

譜例30　各指の移動練習。音程よく、ポジションの形が崩れないように　　※ D、A、E 線でも同様に

譜例31　第2ポジションから第3ポジションへの移動　　※ D、A、E 線でも同様に

　このポジションでできるようになる音階はニ長調（デイリートレーニング・シート「12の長音階」⑤）です。これでベートーヴェン《第九》の第4楽章の主題がD線とA線で弾けるようになりました！

●3と4の中間ポジション

　このポジションは、第3ポジションで目安に使ったネックのカーブの部分が同じように役に立ちます。楽器によって感覚は違いますが、このあたりに親指をおいて人さし指はここで……というように感覚を確認しながら、ポジションを作ってください。

譜例32　3と4の中間ポジションで出せる音

　3と4の中間ポジションへの各ポジションからの移動は、次のような練習になります。

譜例33　ハーフ・ポジションから3と4の中間ポジションへの移動

譜例34　第1ポジションから3と4の中間ポジションへの移動

　長い距離のポジション移動は苦労するものですが、うまくいかない音程があったら、ピアノやキーボードなどで確認し、その音程感を覚えてしまうとよいでしょう。実際に正しい音程で歌えるようになればしめたものです。

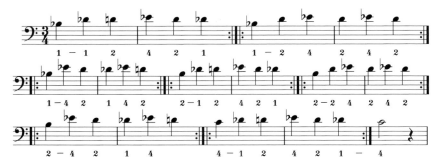

譜例35　第2ポジションから3と4の中間ポジションへの移動

　これで変ホ長調（デイリートレーニング・シート「12の長音階⑦」）が弾けるようになりましたので、長調の音階は12個コンプリートです！　もちろん短調もありますし、異名同音も含めると厳密にはすべてではありませんが、12個の音階はこのポジションまでマスターしないと弾けるようにならないということがポイントです。

●第4ポジション

　前の二つのポジションと同じように、ネックのカーブの部分が目安となるでしょう。親指でカーブを感じられるところに移動します。

譜例36　第4ポジションで出せる音

　ほかのポジションからの移動練習は**譜例37、38**です。このポジション移動ができると、《第九》の第4楽章冒頭のメロディー（チェロとコントラバスによるかっこいいレチタティーヴォ）が弾けるようになります。

※ D、A、E線でも同様に

譜例37　ハーフ・ポジションから第4ポジションへの移動

譜例38　各ポジションから第4ポジションへの移動　　　　　　　　　　※D、A、E線でも同様に

ここで、本書では初挑戦になりますが、短調を一つ練習してみましょう。

譜例39　ホ短調旋律的短音階

短調を弾いてみていかがですか？　少し物悲しいような感じになるでしょうか？　音階を上がっていくときと下がっていくときの音の違いにも注意しましょう。第4ポジションあたりになると、マルチェッロのチェロ・ソナタ（コントラバス編曲）など、気持ちよくメロディーが弾ける曲が出てきます。

コラム　弓を置く位置のポイント

　この第4ポジションくらいになってくると、弾くときに弦のどの位置に弓を置くかがポイントになります。弦楽器はみな、左手の指で弦を押さえて弦の長さを変えることで音程をつくるので、このあたりのポジションになってくると、振動している弦の長さ（弦長）がだいぶ短くなってくるのです。例えば、G線のレの音でも弦長は開放弦の3分の2になりますから、開放弦を弾くときと同じ位置に弓を置いていては、なかなかクリアな音にはなってくれません。弦長が短くなるにしたがって、弓も少しずつ駒寄りに持っていくようにしましょう。

●第5ポジション

かなり高いポジションまできましたね。このあたりのポジションになると目安になるものがないと厳しくなってきます。**写真32**を見てください。少し分かりづらいかもしれませんが、第5ポジションのフォームを作っています。小指のあたりを見ると、指が当たっているところの下の部分が、ネックと表板がくっついている部分の切れ目に当たっているのが分かりますか？　ほとんどの楽器は、ここがG線の 𝄢 の音、第5ポジションの小指の位置近くになっています。これが第5ポジションの目安にできるかと思います。

写真32　第5ポジションの左手の位置

ポジション移動の練習ですが、各弦の上での移動ではなく移弦をしながらのポジション移動になります。しかも、ハーフ・ポジションから第5ポジションへの移動ともなれば、かなり長い距離を移動しなくてはいけません。音程よく滑らかに弾けるようになるには、この移動の感覚を体に覚えてもらう必要があります。

譜例40　ハーフ・ポジションから第5ポジションへの移動（G線からD線の移弦を含む）

譜例 41　ハーフ・ポジションから第 5 ポジションへの移動（D 線から G 線を含む）

　どちらも、ゆっくりしたテンポで 4 分音符の音価いっぱいに（テヌートで）練習してみてください。もう一つ大事なことは、例えば**譜例 40** の 2 小節目、3 小節目の 1 拍目を弾くとき、人さし指以外の指（中指、薬指）は D 線の上に軽く触るくらいに置いておくということです。こうすることで、ポジション移動が滑らかになります。**譜例 41** では G 線の上に置いておきましょう。

譜例 42　第 5 ポジションへのいろいろなポジションからの移動

　気が付いたかもしれませんが、**譜例 42** の 1 小節目と 5 小節目、2 小節目と 6 小節目、3 小節目と 7 小節目、4 小節目と 8 小節目は同じ音です。しかし、指使いは違いますよね？　このようにいろいろな指使いで弾けるように練習してみてください。

●5と6の中間ポジション

　かなり音程を取るのが難しくなってきました。良い音を出すために、音がつぶれない位置まで弓を駒寄りにすることも大事ですね。それから親指の位置ですが、第 5 ポジションから 5 と 6 の中間ポジションに移動するには、**親指をネックの後ろから指板の横へ移動**させなくてはいけません。次ページの**写真 33** の親指の位置を参考にしてください。同時に肘も少し上げましょう。

さて、このあたりのポジションの音の取り方でヒントになりそうなことを。**譜例43**を見てください。これはD線とG線を一緒に弾く「**重音**」という奏法です。開放弦の と G線の を一緒に弾くことで、音程が分かりやすくなるのではないでしょうか？　また、この重音を練習すると、**力を入れずかなり楽に弾かなくては楽器が鳴らない**ことが分かると思います。

譜例43　弓を置く位置、弓にかける腕の重さなど、さまざまな視点から注意して練習する

●第6ポジション

写真33が第6ポジションの左手の位置になりますが、今までの指の形と違いますね？　これまで使っていた小指を使っていません。第6ポジションになると、小指で押さえると遠過ぎてしまうからです。その代わりを薬指がにないます。初めて使う指ですね。うまく押さえられますか？　ちょっと難しいかもしれませんね。

写真33　第6ポジションの左手の位置

第6ポジションをうまく押さえるコツは、前述のとおり**親指の位置を指板の横に置くことと、人さし指を、十分に曲げること**です。正しい位置に指が置けるようになったら、指を鍛えてみましょう。**譜例44**は、ポジションを動かさずに弾く練習です。このとき音程がはっきりするように意識してください。**譜例45**は、近くのポジションへの移動の練習です。親指の位置をポジションによって変えなくてはいけないので、難しいと思います。あせらず親指の位置が正確にセッティングできるよう練習してください。第6ポジションあたりになってくると、G線がとても明るい音がしてきます。

譜例44　特に薬指は弱いので、しっかり押さえられるよう何度も繰り返し練習

譜例45　近くのポジションへの移動練習

●6と7の中間ポジション

　親指を置く位置に注意し、常に指の形が崩れないようにしましょう。このポジションは意外に音程が取りにくく、特にＡ線の 𝄢 (𝄢) や 𝄢 (𝄢) は取りにくい音ですね。しかし、Ａ線のこのポジションはしばしば必要になりますので、ぜひ練習してみてくださいね。ちなみにＥ線のこのポジションはほとんど使いません。音がよくないのと音程が取りにくいからです。

譜例46　6と7の中間ポジションで出せる音

●第7ポジション

　さあ！　ロー・ポジションとされる最後のポジションにきました。第7ポジションでも**写真34**のように、親指を指板の横につけて弾きます。実際の演奏でもこのポジションは頻繁に使いますので、ぜひマスターください。

　このポジションも6と7の中間ポジションと同様、**親指の位置に注意しながら左手の形が崩れないようにしましょう**。ほかのポジションから移動するときに、親指の移動がしっかりできているか気を付けてみましょう。前のポジションでもやりましたが、隣の開放弦を使って重音を出し、音程を確認するのもよいと思います。

きほんの「ほ」

譜例 47　第 7 ポジションで出せる音

写真 34　第 7 ポジションの左手の位置

Column コラム　音程コントロール

　コントラバスの音程で特に難しいのは、半音の進行やポジション移動を含んだ音程だと思います。

　まず、半音の音程の取りづらさは指の広げ方の甘さによって生じるので、指をしっかり広げることが必要です。ハーフ・ポジションの形を作り、G線で 𝄢、𝄢、𝄢、𝄢 と（個人的には好きではないのですが）チューナーを使って正しい音程を取ってみましょう。ハーフ・ポジションの広さが思っていたよりも広いと感じるのではないでしょうか？　その広さを常に自分の中で基準として持っていると、半音で音程が狂うことが少なくなります。

　ポジション移動での音程の取り方ですが、どうしても指板に乗っている指が気になってしまい、小指の方を見てポジション移動している人が多いようです。そうではなく左手の親指を中心に移動すると、指の広さを確認しながら腕全体で移動できるようになります。苦手なポジション移動だけを取り出して練習し、ネック側の移動の感覚を体に覚えこませ、**譜例 48** の要領で上行だけでなく下行でも練習すると、だんだん音程が取れるようになってきます。

譜例 48　音程コントロール練習

●ハイ・ポジション

　ハイ・ポジションは、**親指を指板の上**に置いて、親指でも音程を取れるようにして作るポジションです。以下の3つの写真のように、親指を指板の上に出します。このように指を広げ、一直線に指が置けるようにしましょう。

　ほかにもハイ・ポジションの形はありますが、この基本の形3つをよく使うので覚えておきましょう。

写真35　基本位置1　　　写真36　基本位置2　　　写真37　基本位置3

　ここではこれ以上ハイ・ポジションについては触れないようにしますが、ソロでは非常によく使われるポジションなので、興味があったら『シマンドル　新コントラバス教本』の2巻や、ペトラッキの教則本などで練習してみてください。できればここから先は自己流にならずに先生につくことをお勧めします！

　コントラバスのソロ、特にハイ・ポジションで出す音はとてもセクシーだなぁと思います。ヴィブラートがうまくかかって、ハイ・ポジションを使って長いフレーズが弾けるようになったら、コントラバスのまた違う魅力に出合えるはずですよ！

ボウイングあれこれ

●発音について

弓を使ううえでいちばん難しいのはおそらく発音でしょう。まず弓を弦の上で止め、そこから動かした瞬間が発音になります。その瞬間に重さや長さが足りないと、発音がうまくいきません。腕の力を抜いた状態で弓を弦に乗せ、動かした瞬間に音がポンとなれば発音がうまくいっています。**譜例49**のような練習で発音のコツを覚えていきましょう。

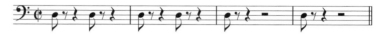

譜例49　発音の後は弓のスピードを変えないように

●スタッカート

スタッカートはもともとイタリア語で「ひき離す」の意味で、音楽記号としては単純に「短く」ですが、楔(くさび)（短く強く）になってしまっている演奏が多いようです。しかし、モーツァルトの楽譜の中にはスタッカートと楔の両方が出てきますが、明らかに書き分けられています。

譜例50　モーツァルト:《交響曲第41番》より

単なる点のスタッカートの場合はアクセントをつけないのが一般的です。ですが、作曲家によって、特に19世紀後半以降はアクセントが付加されることも多いので、時代背景を考えることも必要です。「短く」のスタッカートをコントラバスで演奏する場合は、次の二つの方法があります。

◆弓の毛を弦から離さず送る方法

腕の重さを弦に乗せながら、手首から先を使い動かします。弓の棹に掛けてある人さし指あるいは親指が大きな役割をにないます。

写真38　人さし指（親指）を楽に少しずつ伸ばすイメージ

写真39　反対に手のひら側に引き込むイメージ

親指を弓の棹につける持ち方では、写真の人さし指の動きを親指の動きに換えてください。弓を止めることに集中して**譜例51**を弾いてみましょう。

譜例51　連続したスタッカートの練習

◆弓の毛を弦から離す方法

弓をつけたまま弾くスタッカートよりも音量は出ませんが、音の軽やかさは出ます。弓の毛を弦につけてから離す方法と、はじめから弓の毛を弦につけずに軽くたたく方法があります。

写真40　弓の毛を弦につけてから離す方法

写真41　弓の毛をつけずに軽くたたく方法

ヴァイオリンはさらに「リコシェ」「ソティエ」などたくさんの奏法があり、コントラバスはそこまで多くありませんが、弓をつけた場合、跳ばす場合、響きを残す場合、止める場合といろいろな弾き方があるので、**単にスタッカートを「短く」と思うのではなく、その音楽にふさわしい表情を探す**ようにしましょう。

例えばロッシーニを見てみましょう。楽譜の音価よりも短く弾くイメージですね。もしもロッシーニの8分音符を楽譜どおりの音価で弾いたら、とてつもなく重い音楽になってしまいます。

譜例52　ロッシーニ：歌劇《セビリャの理髪師》より

●マルテレ

マルテレとは、**弓の半分より先の部分を使い発音をハッキリとさせて、音の長さを短めに弾く**奏法です。この奏法はヴァイオリンなどでは一般的なのですが、コントラバスでは短い音をハッキリ発音させたいとき弓の元を使って処理することが多く、実際にマルテレを使う人は少ないようです。ですが、楔のついた音符を弾くときや、ワルツやマーチの頭打ちなどで鋭く短い音を弾きたいときにとても効果的です。

では、**譜例53**を弾いてみましょう。弓の半分より先を使い、短く鋭い音で弾いてみてください。弓元で弾くより音が飛ぶ感じが出るのではないでしょうか？　イメージが湧かないときは、ヴァイオリンなどの演奏をよく見てみましょう。この奏法を多用するのが分かると思います。

譜例53　クロイツェル：『18の練習曲』より

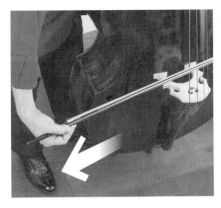
写真42 手首や指を連動させて（ダウンボウ時）

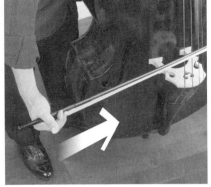
写真43 短く歯切れのよい音を出す（アップボウ時）

●スピッカート

　スピッカートは、**細かい音型を弾く際に弓を跳ねさせて弾く**奏法です。これができるようになると、細かい音型を分離よく弾けたり、軽やかな音で弾くことができます。

　練習方法をいくつか紹介しましょう。まず、弓をバウンドする感覚を覚えた後に横に動かす方法です。音を出さず（少しは出ます）弓の毛で弦を軽くたたくようにします。そのとき弓が跳ね返る感覚を覚えてください（跳ね過ぎはダメ）。そのまま横に動かします。

　次は、弓を速く動かすことで自然にバウンドさせる方法です。弓の個体差があるので、この場所！　とは説明できませんが、弓の元ではなく弓の元と真中の間にちょうどバウンドしやすい部分を探してください。この場合、弓の毛は弦から大きく離れることはありません。弓の棹の部分が跳ねる感じです。

　もう一つは、移弦をすばやくしながら弓が跳ねる感覚を身に付ける方法です。**譜例54**のように、G線とD線を短く速く弾いてみます。弓が弦から離れたら、G線のみで弾いてみましょう。

譜例54　手のひらや手首の力を抜くと、弓が跳ねるようになる

きほんの「ほ」

3つの練習法について書いてみましたが、実はスピッカートといっても、一つのやり方ですべてが弾けるわけではありません。この3つの方法を試せば分かりますが、全部出てくる音が違います。実際の演奏では、私はこの3つを、**場面に応じて使い分け**ています。楽器と弓によって、やりやすい、やりにくいも出てきますので、弓のどこを使うか、弦のどの位置で弾くか、手首や手のひら、指までどうしたらいちばんよいかを試してみてください。

●レガート

　コントラバス奏者にとって、レガートはとても難しい技術です。なぜなら太い弦はしっかり押さえるのが大変ですし、すべての弦楽器の中で弓がいちばん短いのがコントラバスなのですから。さらに移弦を含んだレガートは、弦と弦の間が広いために音がつながりにくいのです。でも！　弦楽器のレガートはとても美しく、弓の返しが上達すればフレーズを長く取れます。

　では、どのように練習をしたらよいでしょう？　フランツ・シマンドル『24の練習曲（グラドゥス・アド・パルナッスム）』は難易度の高い教本ですが、1曲目がレガート練習にとても有効です。

譜例55　シマンドル：『24の練習曲（グラドゥス・アド・パルナッスム）』より

　例えば最初の ![figure] と ![figure] ですが、音が出るタイミングではなく、次の音に変わる直前に弦を押さえるようにすることで音がつながります。

　次に弓の移弦です。2小節目で ![figure] から ![figure] に移りますが、![figure] は開放弦なので移弦に集中できます。元弓から始めますが、手元の動きがなるべく滑らかになるように、そして最小限の動きで弾けるようにしましょう。

　そしてシフティング（ポジション移動）です。1小節目に第1ポジションから第3ポジションへの移動があります。ここをレガートで弾くためには、

左手の移動はできる限り滑らかでなくてはいけません。そのためには**腕全体を使ったシフティング**が必要になります。このときに大事なのは、弦を押さえる側の指ではなくて、ネックに触れている**親指**のほうです。親指に力が入っているとなかなか難しいのですが、親指をネックから少し浮かせる（骨と肉は離して皮膚だけが触れている）ようにしてみてください。滑らかなシフティングができると自然にレガートで弾けるようになるでしょう。

●スラー

スラーは、複数の音符を弧でくくり、滑らかに演奏する記号です。弦楽器ではダウンかアップの一弓で弾くのが基本ですが、長いスラーは一弓では足りないことがあります。その場合は**弓を滑らかに返して**、**音が途切れないようにする**ことが必要です。スラーは実際の演奏で頻繁に出てきて、難しい技術の一つです。

譜例56　ベートーヴェン：《交響曲第5番》第3楽章冒頭

これは、オーケストラの入団試験にも使われる有名な部分です。冒頭の  から  へのスラーが難しいですね。いちばん太い弦から隣の弦へ同じ指で（隣の指で押さえる裏ワザもありますが）押さえなくてはならず、さらに弓で滑らかな移弦を実現しなくてはいけません。その後の  、 、 、 のスラーにも移弦が含まれますし、 から  の移動、さらに  から  への難しい音程の移動とさまざまな難関があります。とはいえ、あまり難しい難しいと言い続けても仕方ないので考え方を変えましょう。最初のスラーは4分音符で10拍です。スコアには♩.＝96となっていますので、96で3小節＋最初の  のアウフタクト（弱起）を入れても大して長いスラーではありません。試しに96のテンポで3小節ちょっと延ばしてみてください。びっくりするほど短く感じると思います。ですので、スラーを弾くときは、その「**スラー分の音価**」を理解すると意外に楽になったりしますよ。

譜例 57　ブラームス：《交響曲第 2 番》冒頭

　この曲はコントラバスとチェロのスラーのユニゾンで始まります。**Allegro non troppo** で冒頭に4分音符が3つ並んでいますが、私は、4分音符3つあるようなボウイングにならないようにしようと思います。音価は付点2分音符ですので、

譜例 58　ボウイング練習

このようなボウイングの練習をします。それから、しっかり自分の中でカウントをしながら左手を 　　、　　、　　 と動かします。そうすることで、音楽の方向が見えてくるでしょう。スラー分の音価を弓でしっかり弾けるようにすること、楽譜どおり弾いたときにスラー分の音価のボウイングがぶれないことがとても大事だと思います。

　ここでは吹奏楽曲の譜例を出していませんが、実は吹奏楽にはこれまでのクラシックやポップス、ジャズなどの音楽の奏法をすべてわかっていないと弾けない曲がたくさんあります。さまざまな曲を聴いて音を感じて吹奏楽の中で生かしていきましょう。

コラム　ヴィブラート

　ヴィブラートは、左手を細かく動かすことで、音に揺らぎを与え、より高度な表現をすることを可能にし、併せて音をふくよかにする技術です。

　習得には個人差が大きく、これには指の関節の強さや、筋肉の強さ、柔らかさなども大きいのですが、ヴィブラートのかかった音のイメージをもっている人は比較的早くできるようになるようです。

練習方法ですが、まず**写真44**のように親指をつけて、人さし指から小指を離して構えてみましょう。それから**写真45**のように離したほうの指を上下に動かします。人さし指から小指は関節が寝てしまわないよう、かならず最初に覚えた基本の形を崩さないこと

が大事です。そのまま弦の上に置いてみましょう。
　もう一つの方法ですが、まず中指だけで弦を押さえてみてください。それから、**写真46**、**写真47**のように中指の弦に当たる角度が変わるように動かしてみましょう。

写真44　親指だけネックに付ける

写真45　指板側の指を上下に動かす

写真46　中指だけで押さえる

写真47　中指が弦に当たる角度を変える

譜例59　このようなイメージで、さまざまな指で練習する

　ですが、関節が弱くて弦を十分に押さえられないうちはやめておきましょう。指がしっかりしないうちにヴィブラートの練習を始めると、音程が揺れ

過ぎてしまい、正しいヴィブラートが覚えられないだけでなく、関節を痛めてしまう可能性があります。

デイリートレーニング

●1日の練習の組み立て方

　皆さんは、どこのポジションまで弾けるようになりましたか？　ロー・ポジションと呼ばれる第7ポジションまでクリアしたでしょうか？

　もし、使っている**教則本**などでそこまでのポジションが終わっていない方は、ひたすら教則本を進めてください。それが基礎練習となります。例えば、チューニングをして開放弦の練習を少し行った後に教則本を進めていくというのでよいかなと思います。これをベーシックな練習として続けてください。

　そしてロー・ポジションをクリアした方は、付録の**デイリートレーニング・シート**を参考に、**音階**と**分散和音**を基礎練習として行いましょう。音程の感覚や音色のつくり方など、さまざまなことがそこにはあると思います。長調だけではなく短調も弾きましょう。そして、同じソの音でもハ長調のソとト短調のソでは音色が違うことを理解できればすばらしいことです。同じ音でも違う音列の中に入れば違う響きが必要になります。その音を探すのも基礎練習の中でできることでしょう。

　それから、練習する必要のある曲の練習に入ります。練習のとき、メトロノームは必要ですね！　もちろん、メトロノームどおりに演奏することがよいとはかぎらないのですが、できないところや不正確な部分を練習するには、必要なアイテムです。

●日常の練習バランス

　基礎練習と、練習しなくてはいけないもののバランスをうまく取りながら、ステップアップしましょう！

①**練習時間が短いとき**
・基礎練習として、教則本やデイリートレーニング・シートから少し取り出して練習する（エチュード1曲、音階一つでもよい）

・自分が取り組んでいる曲を1曲丁寧にさらう
② **時間があるとき**
　　・できないことを克服するために、自分の課題を集中的に練習する。ここで、できないところを取り出す作業が大事。難しいと思っている数小節の中でも、おそらくできないところは数か所なので、そこだけを練習して、できるようになったら少し範囲を広げてもう一度、と繰り返すようにすると、だんだんできるようになってくる。この際、メトロノームやチューナーをうまく活用する

●さらなるステップアップのために

　私の場合は基礎練習と曲の練習はほぼ1：2になっています。

　楽器ケースを開けたら、まず24調の音階と分散和音をすべて弾きます。それから、難しいエチュードを一つ引っ張り出してきて練習し、その後に曲をさらうことにしています。

　取り出すエチュードは、昔は演奏する楽曲に関連づけて選んでいましたが、今は思いつきです。今は身に付けた技術が落ちないことをメインに考えています。

　皆さんの場合は、ステップアップしていく段階にあると思うので、自分がちょっと難しいと思うことに取り組んでいくようにしましょう。

　それから、自分が楽器に集中できているかもチェックしましょう。うまくなることが主眼ではなく、自分と楽器をチェックすることが大事です。また、ふだんの生活のための耳から、音楽のための耳にしていく、つまり音楽用の体にスイッチを切り換えるようにしましょう。

　また、いきなり難易度の高いものを始めると、指を壊しやすくなります。例えば指や体を少し温めてから練習を始めた方が筋肉系のトラブルを防ぐことができるでしょう。楽器を弾くことはスポーツと似ており、筋肉のことを理解しておくことも必要なのです。

触れておきたいメソッドや エチュードの使い方と紹介

●シマンドル『新コントラバス教本』(1、2巻)

　おそらく世界でいちばん使われている教則本です。この教則本の良いところはハーフ・ポジションから順に一つずつそのポジションで何ができるのか、そのポジションを使った音階とエチュードが出てくるところです。この1冊で、合奏で使う音域のほとんどすべてをカバーできます。後半に入ると弦楽器特有の奏法の記述やエチュードがたくさん出てくるので、そこも役に立ちます。

　学習者によっては、指導者が学ぶ順番を調整して練習させることもあります。1巻は第7ポジションまでで吹奏楽、オーケストラ向き、2巻は親指のポジション(ハイ・ポジション)でソロのための練習にも使えます。

　途中の中間ポジション(2と3の中間ポジション)あたりが調性的にとても難しくなってしまうので、そこをクリアできずに挫折する方も多いです。ただこの教則本は階段を一段一段上っていくようにステップアップしていく教本なので、一か所で挫折してしまうと、次が理解しにくくなってしまうのが難点かもしれません。

●HIYAMAノート

　私が初めて師事した先生が、この『HIYAMAノート』を書かれた檜山薫先生でした。先生はこのノートを、前述のシマンドルの副教本として手書きなさり、生徒にコピーをして渡していらっしゃいました。ポジションの移動、2度から7度までの音程の跳躍が主ですが、これを使うとロー・ポジションの安定感がまったく違ってきます。

●Hrabe(フラーベ)『86のエチュード』

　ある程度ポジションの習得が済んだ状態のほうが、とにかくたくさん弾ける教本です。これはとにかく弾いて弾いてたくさん弾いてという感じになっ

てしまいますが、いろいろな場面を想定してあるので、これが弾けるようになると、どのような状況でも対応できるようになります。

●シマンドル『30のエチュード』

教本と同じように1番から30番まで少しずつステップアップしていくように書かれています。ですので、シマンドルの教本がある程度できた方は、少しずつこのエチュードを弾きながら練習するのもよいと思います。

●シュトライヒャー『コントラバス奏法』(上・下)

丁寧に書かれていて、しかも実際の演奏に即したエチュードがたくさん出てきます。ただ、進行が少し遅いところもあるので、先生と一緒に勉強できると活用がうまくいくと思います。

ほかにもたくさん教本が出ていますが、例えばハイ・ポジション習得のためにはフランチェスコ・ペトラッキのメソッドも役に立ちますし、ボウイングの習得にはクロイツェルの『18の練習曲』がとてもよいです。そのほか、オットー・リュームの『プログレッシヴ・エチュード』(1〜5巻)やシマンドルの『24の練習曲(グラドゥス・アド・パルナッスム)』など、アメリカやイギリスをはじめ良い教本がありますが、海外のものは入手が難しいものもありますので、簡単なメロディーの曲集を自分で弾くのもよいでしょう。

私が取り組んだメソッドやエチュードは上記のものですが、今コントラバスの奏法は大変な勢いで進化しています。新しい奏法なども本になっていますので、基礎の部分ができたら、どんどんトライしてみてください。たくさんのメソッドやエチュードに触れることで、技術がますます向上し、楽器を弾くことが難しいことではなくなります。そうなったときに、音楽に対して自由になれますよ。

きほんの「ほ」プラスα

●ポジションの名前について

　「ハーフ・ポジション」「中間ポジション」などという面倒な名前が出てきて、「半音上がるごとに順に第1、第2ポジションと名づけたほうが分かりやすいのに」と感じた人も多いかもしれません。ヴァイオリンでは、A線（中心弦）上でピアノの白鍵にあたる音の場所に整数の番号が振られているので（第1指でピアノの黒鍵の音を押さえるところが中間ポジション）、これにほかの弦楽器がそろえていったのでしょう。本書ではこの伝統的な呼び方を使っていますが、新しく発行されるコントラバスの教則本では半音ごとに第1、第2、第3ポジションと書かれていることもあり、ひょっとすると近い将来中間ポジションを使わない呼び方が主流になるかもしれません。しかしそれはコントラバスの進化の過程として受け止めていただければうれしいです。まだまだ進化の余地のある楽器、それがコントラバスなのですから。

●弦を押さえる力の加減

　指の力や握力だけで弦を押さえようとしていませんか？　28pの写真を見てください。中指を中心に、指先から指の関節、手のひら、手首、肘、肩までが柔らかなラインで結ばれていることが分かりますか？　実はこれがとても大事で、腕の重さを効率的に指先に伝えているのです。しかし、腕の重さだけだと肘が下に下がってしまうので、肘をある程度の高さに保持する筋力も必要となります。イメージとしては、指にぐっと力を込めて弦を押さえるのではなく、**弦を押さえている指先に腕全体の重さをかける感じ**でしょうか。握力を使い過ぎて弦を押さえるような弾き方を体が覚えてしまうと、ポジション移動が困難になり、速いパッセージに対応できなくなりますので、ぜひこのイメージで弦を押さえるようにしてみてください。もちろんある程度筋力トレーニングも必要になってきますが、弦を押さえるトレーニングは

弦でしかできません。また、押さえる指の場所ですが、指の芯で押さえる意識をもちましょう。とても難しいのですが、こうするとしっかりと倍音も聴こえ、音程も合わせやすいです。もちろん爪も短く切っておきましょう。

●楽譜の弓順と指番号について

弦楽器では音符の上下に数字や ⊓ ∨ が書いてあります。⊓ ∨ は弓の順番のことです。⊓ はダウンボウ、∨ はアップボウで、ダウンボウは体の外側、自分から見て右側に弓を動かし、アップボウは体の内側、自分から見て左側に弓を動かします。ダウン、アップはただ繰り返して使えばよいわけではなく、音楽的な役割もあります（p.70参照）。

また、弦楽器の指番号はピアノと異なり、**人さし指→第1指、中指→第2指、薬指→第3指、小指→第4指**となりますが、本書では、第6ポジションまでは薬指は使わないようにしています。これは日本で一般的に使われている教則本での指使いです。もちろん世界では違う指使いをしているところもあり一概には言えないのですが、プロ奏者の多くがこの方法です。吹奏楽のコントラバス奏者の中にはこの指使いでない人もいますが、これだと左手で半音の音程しかつくれないので、ぜひ「124」の指使いを試してみてください。そして、できるだけこの本に書いてある指使いに忠実に練習してください（指番号と指番号との間にある横棒は「ここでポジション移動をします！」の意味です）。

●400年の結晶を受け継ぐということ

コントラバスには400年ほどの歴史があります。その間に何人ものコントラバス奏者がいて「どうしたらこの巨大な楽器をきちんと弾けるようになるか」と考えてきました。その結晶が教則本であると言えると思います。教則本を使うというのは、先輩たちの努力をそのまま受け継いでいける、ということなのですね。とてもすてきなことだと思いませんか？

私も中学2年のときにまったく弾き方の分からないコントラバスを渡され、顧問の先生が買ってきてくださった教則本とにらめっこしながら少しずつ曲が弾けるようになっていきました。オーケストラのテレビ放送で弓の持ち方

を学んだりと、少ない情報を集めて試行錯誤を繰り返しました。今は多くの教則本、CD、配信動画と情報がたくさんあります。ぜひいろいろな情報を積極的に手にいれて「楽器を弾く」というのはどういうことなのか考えてみてください。そしてその考えたことを音にして、**その音が「自分が出したい音」なのか**よく聴いてください。その繰り返しが上達する道筋なのだと思います。

調弦

初心者の場合

チューナーを使いましょう。環境が静かならマイク式のチューナーで、自分の音が聴き取りにくい環境であればクリップ式のチューナーで合わせましょう。一般的にはペグは反時計周りに回せば音程が上がるようにできています。合わせにくいときはいったんペグを半回転ほど時計回りに回して音程を下げ、少しずつ上げていくと合わせやすいでしょう(弦が古かったり、ペグがさびていると合わせづらくなります)。

だいぶ慣れてきた方へ

第4〜5ポジションまで弾けるようになったら、フラジョレットでのチューニングに挑戦してみましょう。まず、D線の第3ポジションの第4指でフラジョレットを出してA音を合わせます。続いて、G線の第3ポジションの第4指で出るD音のフラジョレットとA線の第3ポジションの第1指で出るフラジョレットが同じ音なので、これを利用してG線を合わせます。同じ要領でD線とA線、A線とE線というように合わせていきます。これができるようになるとチューナーがなくてもだいぶ正確な調弦ができるようになります。

もっと良い響きを得るための上級者へ

まずD線を合わせ、第3ポジションの第4指か第1指で出るフラジョレットを利用して4度を正確に合わせていきます(あるいは第6ポジションの第3指で出る開放弦のオクターヴ上のフラジョレット)。こうするとどの音を弾いても倍音の多い豊かな音が聴こえてきます。ただし、正確な4度の響きを知っていることが大前提です。

きほんの「ん」
奏法から表現へ

Contrabass

ソロ楽器としてのコントラバス

　コントラバスはそもそも、合奏の低音を補強・拡大するために作られました。ソロ（メロディー）を弾くことは、初めは想定されていなかったと思います。ただ、その後のコントラバス奏者の努力によって、少しずつソロ楽器としての地位を確立していきます。18世紀には、ウィーン式チューニング※によるソリスト、シュペルガーなどが出てきます。その後、現代の調弦楽器を使ったドラゴネッティ、3弦の楽器を使ったボッテシーニ、近代ではクーセヴィツキー、現代ではシュトライヒャー、ゲイリー・カーなど、多くのソリストが登場しました。　※現代とは異なりレ-ファ#-ラのような3度の調弦を含む

　では、ソロを弾くには、どのような技術が必要になるでしょうか？

譜例60　サン゠サーンス：《動物の謝肉祭》より〈象〉

　この曲だと、まず音域的に第4ポジションまで安定して弾けることが不可欠です。また、一つのフレーズを弾くためにさまざまなボウイングのテクニックを使いますが、まずは弓の返しのときになるべく音が途切れないようにしなければならないので、**譜例61**のような弓の返し練習が必要となります。

譜例61　音の長さの分（音価分）しっかり弓を動かして、音が途切れないように

　また、弓のどの位置を使うか、ダイナミクスの変化に応じて弓を置く場所を駒からどのくらい離すか、ということも考えていかなければなりません。さらに音質も大切にしてください。そのフレーズに応じた音質を選びましょう。そして、**譜例61**が練習できたら**譜例60**を改めて弾いてみましょう！

アンサンブルの楽しみ

●アンサンブルの中のコントラバス

　ソロ楽器としてのコントラバスも魅力的ですが、コントラバスはその発生からして、**アンサンブルの中でこそ力を発揮する楽器**だと思います。17世紀のころからはじまり、バロック、古典、ロマン派、近現代、ジャズ、ポップス……とさまざまな場面でアンサンブルの中で大事な楽器として使われてきました。しかし、主な使われ方はアンサンブルの中の土台、ベースラインをかなでることです。では、ベースライン（ここではバスBassと呼びます）を弾くというのはどういうことでしょうか。

譜例62　コレッリ：《ラ・フォリア》より

　メロディーとバスの基本的な楽譜ですが、メロディーに対してバスが示しているのは主に**和声とリズム**です。和声がメロディーの方向性を示し、リズムが音楽の進行をつくっていきます。もちろんバス・パートだけ弾いても十分に楽しく、音楽を感じることができますが、**メロディーとバスが和声感とリズムを共有する**ことで、さらに音楽の意味が深まるでしょう。

　古典派の代表モーツァルト（**譜例63**）を見てみましょう。♩♪を8分音符で弾き続けますが、これは「**刻み**」と呼ばれ、古典音楽でよく登場する**音楽の推進力を出す**ものです。単純に見えますが、音の質の選び方、メロディーに対して遅れないこと、和声が移り変わるときに少し方向性を変えることなど、さまざまなアンサンブル的要素が含まれています。

譜例63　モーツァルト：《ディヴェルティメント》K.136　第1楽章冒頭

譜例64　ドヴォルジャーク：交響曲第9番《新世界》第2楽章より

　譜例64はロマン派の有名曲、ドヴォルジャークの交響曲9番第2楽章の一部分ですね。とても美しい旋律とバス・パートが絶妙に絡んでいて、弾いていて幸せを感じる部分です。このバス・パートは**リズムを刻む**ものでもあり、**和声の進行を示す**ものでもあり、その**バス・パート自体が旋律**にもなっています。この部分を演奏するときは、メロディーがもっている雰囲気（感情といってもよいかもしれません）と一致させる必要があります。メロディーが過度なルバートをかけない限りは、リズムもそろえる必要があるでしょう。そうすることによって、この部分のもつ雰囲気がさらに的確に表現されると思います。

　ちなみにこの2楽章の最後はコントラバスのdiv.（パート内で複数に分かれて弾く）です。オーケストラによっては4本から8本で弾きます。もちろんこれらはオーケストラの事情で決まります。ミュートを使う場面も出てきます。

　小さなアンサンブルも見てみましょう。**譜例65**はシンプルな楽譜ですが、このコントラバス・パートを弾くためにはさまざまな技術が必要となります。まず最初の8分音符はスピッカートあるいはバットゥート※で弾くのが一般

譜例65　ロッシーニ：《チェロとコントラバスのための二重奏曲》

的です。弓を全部弦から離さずに弾くと *p* の軽い音を出すのは難しいからです。そして途中に出てくる主題は軽く弾くのがとても難しく、ロッシーニのオペラに出てくる速いテンポで歌うバスのような軽さはなかなか出てこないものです。これを実現するためにはいろいろな曲を弾き、聴かなくてはいけません。でも、もしチャンスがあったらぜひ弾いてみてくださいね！　練習してみるだけでも楽しいものです！　　※バットゥート：弓の毛で弦を叩く奏法

　それから、コントラバス同士の合奏も二重奏からさまざまな形態があります。ただ、コントラバスの重奏は同じ音域で弾いてしまうと聴き取りにくいので、声部によって役割を分けるのが一般的です。例えば1番奏者は より上、2、3番奏者は内声、4番奏者はバスという具合です。必然的に1番奏者はハイ・ポジションを弾かなければなりませんが、ぜひ挑戦してみてください。また2声の曲を二人で弾くのもアリです。一人がメロディーを、一人がピッツィカートで伴奏をするのも面白いかもしれませんね。

●アンサンブルの醍醐味

　ベースラインの楽しさは「**ツイタチジュウゴニチ（1日15日）**」とよく言うのですが、つまり**4拍子で言う1拍目と3拍目**をしっかりと弾いてあげることが大事です。コントラバスは、歴史的に見ても**リズムを刻む役割の多い楽器**で、本当にタイミングよく、和声感を含んで、すべての音をその中に収めるのはなかなか大変ですが、「バスを理解する」というのがコントラバスにとって実に大事なことです。意識としてはフレキシブルに今ある音楽に対応できるように「**常に音楽と一緒に動く**」と考えましょう。自分のセンスと方向性がアンサンブルと一致しないこともあると思いますが、ある人は指揮

きほんの「ん」

者と合わせること、ある人はメロディーと合わせること、ある人は指揮者もメロディーも二の次にして音楽を下支えして運ぶことなどを大切にしています。どういう人がバスを弾くかで音楽が変わってくるということです。私もこれまでいろいろな場所で弾いてきましたが、「このタイミングでよいのか」不安を感じることもありました。ですが、音楽の自然な流れにさからわず、メロディーに寄り添い、またメロディーが遅れてきたときは髪の毛１本分くらい前ににじませたりと臨機応変に対応することで、自分の思うバスでアンサンブルを支えてこられたと思います。私の理想は、意識されないけれど響きは豊かでしっかりと支え、でも邪魔していないというものです。

　また、合奏全体だけでなくコントラバス・パートの中で合わせることも必要です。特にピッツィカートは合いづらいものです。ですがこれも、首席が確信をもって弾いていれば後ろもついてくるもので、また合わせる側も一緒に呼吸して感じていれば合うものです。人間のつくるテンポは常に動くもので、それに合わせられるのはおそらく息だけです。

　コントラバスは、もともと大きな編成のアンサンブルを下から支えアンサンブルの響きを拡大するものとして発生しましたが、さらにさまざまな要素も加わってきました。「リズムをつくる」「和音を確定する」「効果音」など多岐にわたっています。このように、音楽の中で果たす役割がどんどん大きくなっている中において、いちばん良い弾き方や音色を選び、アンサンブルをより充実させていくのがコントラバスを弾く醍醐味ではないでしょうか！

●アンサンブルでの音程

　スコアのコントラバス・パートを見ていくと、和音の中での根音が多いということに気が付きます。つまり、根音を弾くときに必要な音程感を身に付けるのが最も重要になります。根音の役割は和音の性格づけや土台をつくることで、コントラバスの音域はアンサンブルの中で最低音を受け持つことが多いので、アンサンブルの土台となるような安定した音程を心掛けましょう。

　そして、常に問題になるのはオクターヴ上を受け持つ楽器と音程を合わせる難しさです。オーケストラならチェロ、吹奏楽ならバス・クラリネットやバリトン・サクソフォーン、ファゴットなどです。もちろんピタリと音程が

合うのが理想ですが、合わせるためにはうまく乗せてあげられる音質が必要です。オクターヴ上の楽器との分奏はその「**音質**」をつくるのにとても役立ちますので、オクターヴが分離して聴こえるのではなく、あたかも一つのラインになるよう工夫して練習してみてください。

●スコアを読む

　パート譜を見ただけで曲を理解できるわけではありません。**スコア**が必要となってきます。しかし、スコアを隅から隅まで読むのはなかなか難しい作業です。私が読むとき、まず自分のパートの位置を確認し、その後メロディーを探して、区切りのよいところ（例えばソナタ形式なら第１主題の終わりの部分とか、練習番号があるところなど）まで、スコアの風景を眺めてみます。そうすると、**メロディーと自分のパート以外の動きやからみ方**が分かってきます。大まかに頭に入ったら、細かく**和声の動きや対旋律の動き**を見ていきます。理解がすんだら次の場所を……このように見ていきます。

　コントラバス奏者がスコアを見るときいちばん気にするのは、いわゆる「**縦の線**」を合わせるためにどの楽器と一緒に動けばよいか、ということかと思います。合奏の前にスコアを少しでも見ておくと、パート譜だけを見て演奏するときよりはるかに多くの音が耳に入ってきます。**スコアを事前に見ることで、アンサンブルに参加しているときに的確な場所で弾くことができるようになる**でしょう。

　なによりスコアは音楽を再創造していくための台本です。読み込むには音楽の素養が必要となります。素養を育むには、小さな形式の曲（例えば、モーツァルトのピアノのためのソナチネなど２段で書かれた譜面）を勉強すること、古典の音楽のスコアを読むこと、音楽の中にある対比やドラマを読み解いていくことなどをすると、頭の中で音楽が生き生きとしたものに変わっていきます。そこまでスコアを読めるようになると、よい本を読んだりするのと同じ感動が得られるのではないかと思います。スコアを持つ音楽が、一生涯勉強してもしつくせないということ、永くスコアを読み続けられる喜びというものに気付けるのではないでしょうか？

曲の様式と表現

●作品の背景を知る

　時代によってある程度一定の形があり、ルネサンス、バロック、古典派、ロマン派など「様式」に分けられますが、これらを本当の意味で理解するには、音楽の発生からの歴史を理解したうえで、それが演奏に生かされなければなりません。全部知ることは無理でも、考えていくことは大事です。

　原始の人類がコミュニケーションのために使っていたであろう声の響きから言葉が生まれ、その言葉の意味をより強く伝えるためにメロディー的なものが発生し、そこにたたくという行為が融合しリズムが生まれました。そしてそれが、人がもっている生死への畏怖を表すために祭りや儀式で使われるようになり、音楽が生まれます。コントラバスが発生した西洋音楽で考えると、人々が有史以前から手に入れていた言葉とリズムの関係がキリスト教と結びつき、だんだん複雑化していき、そのころにハーモニーという概念が生まれます。そしてキリスト教会の中に存在した音楽は、形を変えて教会の外に出ます。そこに踊りという要素が加わり、それまでの民族音楽と教会から出てきた音楽とが結びつき、より踊りやすい音楽になります。体を動かしてなにかを表現しようとします。そこまでくると、現在の音楽の基礎ができてくるのです。メロディーは歌詞を乗せて、ハーモニーはメロディーの意味を明確にし、リズムが音楽全体の流れをつくるという要素ができあがります。

　このように、作曲された時代、地域、作曲家によってまったく違う様式になるということが分かると思います。この本の中のすべての違いを述べるのは不可能ですが、メロディーと言葉は密接に関係しているので、言語によってメロディーのイントネーションは変化すること、音楽の歴史から見てリズムはさまざまな種類があり同じ拍子であっても強拍の位置が変わるということを理解して、それに合った表現をすることが大切です。そのために、一つの曲を演奏するときにその作品の背景を調べることが必要です。

譜例66　ドヴォルジャーク：《交響曲第8番》第4楽章よりコーダ

譜例67　モーツァルト：《アイネ・クライネ・ナハトムジーク》第1楽章冒頭

　この二つは、テンポは別としてまったく同じ の8分音符の刻みですが、実際の演奏ではまったく弾き方が変わります。音の質や、流れのつくり方、オーケストラ全体の響きすべてが違うからです。例えば、同じ4分音符でも、ワルツの頭打ちの4分音符とアンダンテ4分の4拍子の1拍目の4分音符ではまったく違うということになります。

　これらの違いを理解して表現に結びつけるには、やはり知識が必要です。吹奏楽の楽器は、バロックや古典のレパートリーを持たない比較的新しい楽器が多いのではありますが、積極的に勉強したほうがよいでしょう。ベースラインが順次進行なのか跳躍なのかで音の長さを変える必要があるということが、様式が分かっていると実感できるのですから。

譜例68　バッハ：《管弦楽組曲第3番》アリア

　譜例68では、跳躍進行と順次進行で音楽の重さに変化があることを感じ

なくてはいけません。これをすべて同じ8分音符で弾いてしまうとどうなるでしょう？ 例えば3拍子の曲でも1拍目に重心があるとは限らず2拍目にくる場合もありますが、実際の踊りを見れば視覚的に感じられ、納得できます。

　音楽には「これが正解！」というものはありませんが、**様式を知ることによって、作曲家が書いた音の響きに近いものが演奏できる可能性が広がる**のではないかなと思います。

●表現によって弓順を決める

　曲の様式を理解して、形式（曲がどのような形をしているか、例えばソナタ形式なのかメヌエットでトリオをもつのか、ロンド形式なのか……など）も理解できたとすると、それに応じた弓順をつけることが必要になりますね。

　弓順には ⊓ と Ⅴ があり、基本的に強拍が ⊓、弱拍が Ⅴ ですが、そのとおりにならないことも多々あります。その場合はどのような表現をしたいか（あるいは、どのような表現を求められているか）によって決めていきましょう。

◆吸うフレーズ、吐くフレーズ

　弦楽器奏者には、息を吸うフレーズと吐くフレーズというイメージをもつ人が多いと思いますが、これとダウン・アップが密接に関係しています。**先弓から元弓にもっていくアップが吸うフレーズ、反対に頂点から下ろしていくダウンが吐くフレーズ**です。若い人たちは息が浅い傾向にあり、口呼吸が多いようですが、鼻で吸うことができないと演奏しづらいものです。**鼻で息を深く吸うことによってフレーズを長く取ることができる**ので、ふだんから意識するようにしましょう。

◆ボウイング練習

　では、実際の曲ではどのようにボウイングを決めていくのでしょうか？

　ヘンデルの《王宮の花火の音楽》を例に見てみましょう。まずは、実際の曲を弾く前に**譜例69**でさまざまなボウイングの可能性を考えていきましょう。

譜例69　ボウイングのさまざまな可能性

aは2、3、5、6拍がアップボウになっています。このⅤⅤのボウイングは、ほんの一瞬弓が止まるように弾きます。またこのⅤⅤは、強拍を⊓にするために有効な方法です。bは例えば4小節目の大きな2、3、4拍目を、よりやわらかく弾きたいときに使える方法です。この場合は、弓の動きは付点4分音符の長さで動かすイメージで、音が鳴る瞬間に弓を軽く押し込む感じです。cは2小節目のための練習になります。しかし、この音型はいろいろな音楽で使われている音型なので、ゆっくりしたテンポはもちろんですが、少し速めでも練習してみましょう。コツは16分音符の前で一瞬弓を止めることでしょう。dは裏拍の8分音符と次の4分音符が途切れ過ぎないように。

　この4つのボウイングができるようになったら、**譜例70**のボウイングに挑戦してみてください。弓順と指使いは、参考になりそうなものを書いておきましたが、それが絶対だと思わないで、このとおりに弾けたら別のやり方も自分で探してみてください。大事なことは、なるべく滑らかに弾けるようにすることだと思います。自分の楽器の出にくい音があるポジションを避けるとか、自分の好きな音は別の方法のほうが出るのではとか、いろいろ試してみてください。楽器がうまくなるには、ほかの人に言われたとおりではなく（もちろん人から言われて正しいと思ったことができるようになるのも大事ですが）、自分の音を探していくというのも大事な作業だと思います。

譜例70　ヘンデル:《王宮の花火の音楽》より第2曲〈ラ・ペ〉

特殊奏法

●ピッツィカート

弦を指ではじいて音を出す奏法で、楽譜ではpizz.と記されています（弓で弾く指示はarco）。弦楽器では一般的な奏法ですが、コントラバスにとっては特別な意味をもちます。コントラバスのピッツィカートは**長く響きが残る**ので、例えば速いテンポの3拍子（メヌエットやワルツ、スケルツォなど）の最初の拍のみをピッツィカートにして、その響きで3拍子のはずむ感じを出したり、あるいは長いメロディーの伴奏で効果的に入れて支えをつくったりと、さまざまな使われ方をします。

また、指板のいろいろな場所を試すと、**はじく位置**によって音が変わるのが分かると思います。また、指を弦から離すスピードも音に大きく関わります。速ければ鋭く大きな音がしますし、遅いと柔らかな温かみのある音になります。

写真48　小指をフロッシュの中に入れて構える方法

写真49　弓を持ったときの手の形をあまり変えずにはじく方法

写真50　上の方ではじく

写真51　下の方ではじく

これらのさまざまな要素を使って、演奏する曲のイメージに合った音をつくってみてください。ただ、左指が安定する前に大きな音を出そうとすると、良くない癖が付いてしまいますので気を付けましょう。

その他のピッツィカート

ジャズ、ポップスのピッツィカート

　コントラバスのピッツィカートは、ジャズの演奏の中でも大切な役割をにない、バンドの要であり推進力の源でもあります。ジャズでは人さし指を伸ばして構えますが、実際にはピックアップを通しアンプで増幅することが多いです。ポップスでは多くの場合原曲にエレキベースが使われますが、この音も基本的にはエレキベースのサウンドが必要かと思います。

バルトーク・ピッツィカート

　バルトーク・ピッツィカートは、引っ張った弦を指板にぶつけて、本来のピッツィカートの音とは違う「パチッ」という音を出す奏法です。記号は♂で、方法は二つあり、まずは**写真52**のように指を弦と指板の間に入れて、指板の反対に引っ張り、離す方法です。この際、注意するのは左手の押さえです。押さえが弱いと音程が聴こえなくなり、ただパチッというだけになりますね。なんの音か分かるようにしましょう。

　そして、**写真53**のように右手の親指と人さし指で弦をつまんで引っ張る方法です。こちらはタイミングが取りやすいという利点があります。ちなみに「スラップ」は指や手のひらでたたいて、弦を指板にぶつける方法です。

写真52　指板と弦の間に思い切って指を入れる

写真53　弦をつまんで引っ張る

●その他の特殊奏法

◆コル・レーニョ

　弓の木の部分で弦をたたく奏法で、楽譜ではcol legnoと記されています。

方法は奏者によってまちまちですが、以下の３つがあります。曲の場面に応じたたたき方を試してみましょう。私は棹と毛の両方でたたくことが多いですが、練習し過ぎると弓の棹を傷めるのでほどほどにしましょう。

写真54　木の部分のみでたたく

写真55　木と弓の毛を使ってたたく

写真56　弓が弦に当たる角度を斜めにしてたたく

◆グリッサンド

斜めの線でつながれた音から音までを、左指を滑らせて、止まらないように滑らかに弾きます。この場合大切なのは、弦を押さえている指だけでなく、親指と腕全体が滑らかに動くことです。

◆ソルディーノ

ソルディーノ (sordino /con sord.)、あるいはDämpferの表記がある場合に駒に弱音器（ミュート）をつけて演奏します。

◆スル・ポンティチェッロ

sul ponticelloと指示がある場合は、弓を極端に駒のそばに寄せて弾き、高い倍音を出して「キー」または「ギー」という音を出します。

◆トレモロ

一つの音を連続して小刻みに演奏する奏法で、初心者には難しい奏法です。手首や手のひら、指に力が入り弓を小刻みに動かすたびに音が止まってしまうので、力を抜いて弓に圧力をかけ過ぎないようにしましょう。ティンパニのロールの中にしっかり持続する音があるように、コントラバスのトレモロも弓を返す音は聴こえても、ずっと同じ音が持続するのが理想です。できるだけ弦の震動を邪魔しないようにして「トレモロが欲されているときは、響きが止まってはいけない」と考えましょう。また、トレモロとは別に音価どおりの「刻み」の指定の場合があるので注意しましょう。その

中間のニュアンスが欲される場合もありますが、「刻み」にはかならず響きを止める作業が加わります。

　吹奏楽の場合、まわりが強奏しているとなかなか聴こえないこともありますが、そういうときは、私はなるべく駒の側で弾いて（スル・ポンティチェッロ気味）で高い倍音を多めにつくって音を届けさせることがあります。

コラム　座奏

座奏は立奏の基礎がしっかりできてからでないとフォームが崩れる恐れがありますので、楽器によく慣れてから始めるとよいでしょう。コントラバスには専用の椅子がありますが（独自に作る奏者も）、座面の高さを変えられるものが多く、体の大きさや奏法によって決めています。

写真57　座面を高くし、立奏時と奏法をあまり変えずにそのまま脚や腰の負担を減らせる

写真58　座面を低くして楽器を寝かせるので、体がより楽になり、脚や腰の負担もさらに減る

写真58は、楽器を支える負担が左手にかからない分スムーズにシフティングできますが、右手の使い方は立奏と変える必要が出てきます。特にG線を弾くときに腕の方向を少し変えなければなりません。

「どちらがよいか？」という結論は出ません。あなたが好きな音を出せるのはどちらか（あるいは中間か、まったく別か）、いろいろ試してみましょう。私も楽器の大きさや、椅子の座り心地などでだいぶ変えていますが、基本的には立奏に近い方法をとっています。

吹奏楽の中のコントラバス

　これほど存在価値を疑いそうになるポジションはそうないのでは？と思われるかもしれません。「テューバと一緒だと聴こえない」とか、「合奏の間、自分の音が聴こえない」とか。心ない方から「コントラバスなんているだけでいいんだ、見た目だから！」とか言われたり。でも、本当にそうでしょうか？　ここからは吹奏楽の中のコントラバスについて私なりの考えを！

　吹奏楽やクラシック音楽、あるいは楽譜どおり弾くことを要求される音楽において、楽器の演奏とはなんだろうというところから考えていきましょう。

　楽譜というのは誰が書くのでしょうか？　もちろん、作曲家（あるいは編曲家）ですよね！　コントラバス・パートがあるスコアを見てみましょう。そこにはContrabassとかString Bassなど、コントラバスの段があります。作曲家は聴こえなくてもいいから、見た目大事だからとかスコアたくさん書きたいからなどの理由で、その段を書いたのでしょうか？　私にはそのようには思えません。作曲家自身の思いや考えを音楽にするために書いたのがスコアと呼ばれるものだと信じます。作曲家はコントラバスの段を書いたときに、ある役割をコントラバスに割り振ることで自分の中に浮かんでいる音楽を実現しようとしているのでしょう。ですから、楽譜のとおりに弾くというのが大きな前提になります。テューバと重ねることで、低音に厚みを持たせサウンドを広げ表現を大きくしたり、低音木管とコントラバスだけでバスを受け持たせて、室内楽のような響きをつくり集中力の高い音楽を実現しようとしたり、コントラバスにしかできないピッツィカートという奏法で拍のつくり方を変化させてみたり……。

　楽譜に書いてあることをしっかり弾けるようになって、スコアの中で自分の役割をしっかり理解していけば、**吹奏楽の中でコントラバスの果たす役割が大きい**ということが分かってくると信じていますよ！

楽器のメンテナンス

●木でできたデリケートな楽器

　コントラバスは大部分が木でできていますので、**湿度と温度**には注意が必要です。湿度が高いと、楽器のジョイント部分がはがれたり楽器が膨らんだりするので音高が安定しなくなります。逆に湿度が低く乾燥していると、板の部分が割れたりしてしまいます。湿度も低過ぎたり高過ぎたりすると、木の部分にトラブルが出てきます。なるべく湿度と温度が安定しているところに保管し、弾かないときはケースに入れ、暖房器具のそばや外に長時間放置しないようにしましょう。また、なにかトラブルがあったときに素人が扱える部分が少ないので、万が一のときのためにコントラバスを扱える楽器店（あるいはコントラバス専門店）を調べておくとよいでしょう。

　楽器店での調整も必要です。最低限の正しい調整ができていない楽器を無理に弾こうとすると、良い音を出す機会を失うだけでなく、体に負担がかかってしまいます。また、気候によってチューニングの音や倍音の出方が変わることもあるということも覚えておきましょう。

●コンディションを見る3つのチェック・ポイント

①弦高

　　指板の下のほうで指板が終わっているところ、ここから弦までの高さを測ってみてください。目安としてG線が4mm〜1cmの高さになっていればOKです。それ以下だと弦が指板にあたって大きな音が出せなくなり、それ以上だと押さえるのがつらくなります。

②駒

　　楽器を真正面から見てください。左右のf字孔の横に、くさび形の切れ込みが入っているのが分かりますよね。まずその切れ込みを確認してくだ

さい。そして、それぞれの内側のほうの切れ込みの延長線上に駒が立っていますか？　また、駒は横から見て、反ったりしていませんか？

③**ボディ・チェック**

表板と横板、横板と裏板の間に隙間などはありませんか？　まさか穴は開いていませんよね？　よく見てあげてください。

●弦の交換

弦の交換はどれくらいの頻度で行っていますか？　2年3年と使っていることはないでしょうか。もしも長く使っている場合は早めの交換をお勧めします。古い弦を使っていると、その弦がもっている倍音が減ってきて音程自体が取りづらくなります。弦の質量も変わってくるので調弦が難しくなりますので、最長でも2年、できれば1年に1回は交換しましょう。

張り換えの手順ですが、まず一度に全部外すことはやめましょう。駒が倒れてもとに戻すのが難しくなります。

①椅子の上に、E線側、右の側板を上にしておきます。
②D線、A線、E線、G線の順に換えていきます。
③換えた弦は、すぐにその元の音の高さまで巻きましょう。それによって魂柱が倒れることを防げます。
④弦を張り終わったら楽器を立てて、チューニングをしましょう。チューニングをしてもおそらく2〜3日は弦が安定しません。こまめにチューニングして早めに安定させるようにしましょう。

●2枚のタオル

日々のメンテナンスには2枚のタオルが欠かせません。1枚は松脂（まつやに）を落とすため、もう1枚はそのほかの部分を拭くためです。松脂のついたタオルでほかの部分を拭くと、ベタベタしてしまい、特にネックや指板に松脂がつくとシフティングの邪魔になります。実際のレッスンでも、指板やネックに松脂がついてしまっているのをきれいに（アルコールなどで拭いて）落としてあげると、急に生徒のシフティングが上手になり、弾けなかったところが急に弾けるようになったりすることもあります。いつもきれいにして弾きやす

きほんの「上」に

い環境をつくりましょうね！　また、タオルは薄手で摩耗したものが、ニスを取ってしまうことがなく、それでいて松脂がよく取れるので適しています。

●楽器の置き方、移動

ネックを椅子の背に立てている人をよく見かけますが、廉価な楽器はネックが弱く、またエンドピンとネックの2か所でしか支えていないので倒れやすいです。椅子に立てかける場合は**写真59**のようにしますが、できれば壁の角に駒を向けて立てかけておくか、床に直接置くようにしましょう。

また、魂柱側を上にして置いたときに魂柱が落ちたり、移動の際

写真59　ネックではなく楽器の窪みを使う

エスカレーターに楽器を挟まれて折れたなどという悲惨な事故を聞きます。巨大な楽器なので、ぶつける可能性が高く、特に駒の付近をぶつけると取り返しのつかないことになります。また階段では、エンドピンが段に引っかかって落ちたりするので、階段を降りるときはかならずエンドピンを前にしましょう。市販のキャリーを使っている人もいます。

●ナットの調整

指をいちばん開かなくてはいけないハーフ・ポジションの際、このナットの状態がとても重要です。押さえづらいし、押さえても鳴りづらいこともあります。どんなに練習しても押さえきれないと思ったら、楽器の調製が必要かもしれません。

ナットの調整がうまくいっていないと、ハーフ・ポジションの人さし指もしくは中指がとてつもなく押さえにくくなります。すぐに楽器屋さんに持っていきましょう。決して自分で削ってはいけません。

●小物あれこれ

◆エンドピン

　「楽器の高さをどうするか」ということになります。当然のことながら身長と密接な関係がありますが、それだけではなく「弓をどう使うか」ということも関係してきます。初心者の方は弓を持ったこともないと思うので、だいたいの目安を。楽器を構えたら、とりあえず弓を持って楽器をセットしてみてください。弓はD線に置きます。体を真っすぐにして、弓と地面が平行になるように。さて弓はどのあたりに置かれていますか？　鏡を見たり友達に確認したりしてもらいましょう。もし弓が指板の上に置かれているようなら少しエンドピンを出し、指板の端あたりに弓がくるようセットしてください。指板の端より下に置かれているなら、エンドピンを出す必要はないでしょう。ただし、これはあくまでも初心者のための目安です。

　また、エンドピンの先にはゴムがついていますが、底がすり減って中の金属が露出することがあるので、ホームセンターで合うサイズのゴムを探して購入しておくと便利です。ネジ式でぐるぐる回してはめるものはエンドピンがとがっている場合が多く、よく教育現場などで使われるコントラバスのエンドピンは交換しにくい「はめ込み式」になっています。

◆松脂

　コントラバスはほかの弦楽器に比べて弦が太く重いので、専用の松脂が発売されています。始めのうちは、このコントラバス専用の松脂を使った方がよいでしょう。ヴァイオリンなどほかの弦楽器の松脂を好む人もいますが、初心者が使うとどうしても「楽器が隅々まで鳴る」という感覚をつかめめずに先に進むことになってしまいます。十分に楽器が鳴り、弦の振動が大きくても耐えられる左手のテクニックがついたうえで、自分の音を探していく、ほかの弦楽器の松脂やいろいろな弦を試してみる、というのがよいと思います。ちなみに、松脂の量も気候によって違い、気温が高いときに松脂を塗り過ぎると音が鳴らなくなるということも覚えておきましょう。

きほんの「上」に

◆メトロノーム

　使うときと使わないときのメリハリをつけましょう。使うときは基本的なリズムを取れるかどうかを確認するとき、弾けないところを少しずつテンポを上げるときなどです。頼り過ぎるとフレーズをつくるのが難しくなることもありますので、ある程度自信がついたらメトロノームを外してみましょう。メトロノームを使わずに全部弾いたり、全部使ってみたりとメリハリが大事です。メトロノームを使い過ぎる弊害として、メロディーを取りづらくなり、フレキシブルに対応しにくくなる可能性があることも覚えておきましょう。

◆鉛筆

　私は消しゴムがついた4Bを使ってます。薄くとがった鉛筆を使うと楽譜に跡が残ります。レンタル譜も消して返せるように、決してボールペンや色鉛筆で書き込みをしないようにしましょう。弓順は変わる可能性があるので、常に消せる状態にしておきたいものです。譜面台は土台のしっかりした、高さがあっても安定するものを選びましょう。

◆チューナー

　クリップ式チューナーだと、周りでほかの音が鳴っていてもチューニングできるのでお薦めです。私はチューニングのときと個人的にゆっくり練習をするとき、合奏でどうしても合わなくて混乱してきたときには使います（コンサート中には使いませんよ！）。

　ただチューニングのときは、何度かに一度音叉を取り出して耳でチューニングするようにもしています。あまりにチューナーに頼り過ぎると、チューナーと合っていることに満足してしまいほかの音程と合わせることができなくなるからです。演奏中常にチューナーを見られるわけではないので、耳で取れるようにしておきましょう。

楽器を習う、教える

●「習う」ということ

　私は高校2年から檜山薫先生に習うことができ、シマンドルの『新コントラバス教本第1巻』と、先生の手書きのノート（現在『HIYAMAノート』として出版されています）で徹底的に基礎を教えていただきました。その後、桐朋のディプロマ・コースで小野崎充先生にシマンドルの『24の練習曲（グラドゥス・アド・パルナッスム）』をもとに音楽の基礎を、そして東京フィルハーモニー交響楽団在籍中にウィーンでアロイス・ポッシュ先生に師事し、音楽のつくり方、楽譜の読み方を学びました。

　こうやって自分がお世話になった先生を思い出してみると、本当に運よく良いときに良い師に巡り合えたのだと感じます。先生のレッスンを受けて、メソッドやソロ曲、オーケストラのレパートリーを学んだのはもちろんですが、それ以上に音楽に対する考え方、もっていらっしゃる哲学にも強く影響を受けました。「片手仕事は事故のもと」「自分の音を聴きなさい」「常に歌いなさい」「まさに楽譜のそのとおりに弾きなさい」など、いまだにふと蘇る言葉があります。そして、話をしてくださっているときの佇いなどを思い出します。教えてくださる方の**哲学を、技術とともに受け継ぐ**というのが「習う」ということだと思っています。

●「教える」ということ

　では、教えるということはどういうことでしょうか？　私が教えるときにいつも意識しているのは、「理を伝える」ということです。自分が理をすべて理解し伝えることができるなどと思い上がったことを言うつもりはありませんが、自分がこうであろうと思い実践していることを伝える、そしてそれが理にかなう自然な動きで達成されているものであれば、自分と生徒にとって理を共有するということになるのでしょう。

楽器の弾き方というのは、何百年もかかって先人たちが積み上げてきたものです。楽器自体の構造もそうです。必要によって大きくならざるを得なかったコントラバスという楽器が、自然の摂理からあまりにも離れたところにあるとは私には思えないのです。

　加えて音楽を伝えるという、楽器を教えるのに必要なこともあります。これは、教える人がどれだけ音楽に接しているかにもよります。楽譜を本当の意味で読むというのは、ひょっとすると一生かかってもできない作業かもしれませんが、ひたすら真摯(しんし)に読み込むことによって多くのことを得ると思います。得たものは惜しみなく教わる人のレベルに合わせながら伝えなくてはいけません。言葉で伝えるのが苦手なら弾いてみましょう。音を聴くことで分かることはきっとあると信じています。

●みんなで学ぶ・考える

　人それぞれ体つきも手の大きさも違いますから、先輩の正しい奏法が自分にとっても正しいとは限りません。また、自分自身がまだ弾けないのに後輩にコントラバスを教えなくてはいけないことになったらどうすればよいでしょうか？　そういうときには、「**一緒に勉強していこうよ**」という姿勢で伝えていくのがよいと思います。あなた自身もまだ不完全かもしれませんが、あなたが考えていることを伝えてあげて、一緒に練習してください。

　壁にぶつかったときには、レッスンを受けるのがいちばんですが、教則本やこの本を読んで情報を得たり、あるいはプロ奏者が弾いている姿を見て答えを導き出すのがよいと思います。そのときにセクション（パート）で共有していなくてはいけないのは、「どういう音を出したいか」ということです。形が一緒でもイメージしている音が違うと、だんだん演奏中の姿勢が変わってきてしまいます。ああいう音いいよね、この音すてきだよね、という感覚をみんなで共有しながら先に進みましょう。そのうえで、このフィンガリングが正しいのか、ボウイングが正しいのかなど、考えを出し合っていきましょう。

●見よう見まねでやってみること

　楽器を弾くことは、基礎を重んじながらも自由になることだと思います。いろいろな弾き方を見て考えて自分たちの中に採り入れてみることは大事ですが、弦楽器は見えるからこそ勘違いしやすいものです。

　私が見てきて、悪化していくコントラバス・セクション（パート）というのは、先輩が間違った情報を仕入れてきて、後輩がそれをさらにデフォルメしてまねていくというもの。コンサートに行ったり、動画などでプロ奏者の演奏を見ることができるので、好きな演奏家を探してみてはいかがでしょうか。

●私が教えるとき

　私が指導するとき、基本的な奏法や音楽の解釈を相手によって変えることはほとんどありませんが、その人の体の大きさや指の長さ、あるいは個性によって教える内容を変えることは多々あります。

　変える内容でいちばん大きいのがフィンガリングです。手の大きい人と小さい人のフィンガリングを同じにすると、どうしても無理が出てきてしまいますので、人によってフィンガリングを変更することはよくあります。

　次に教則本の使い方です。2と3の中間ポジションを練習するとき、先に第3ポジションに取り組んでから進むということもよくあります。つまり、かならずしも決まりによってしばられているのではなく、その人に合った教え方を心掛けているのです。

　音楽の感じ方も同じだと思います、Aさんにとって美しいものがBさんにとって美しいとは限らないので、その場合は音楽の基本的な部分から外れていないかぎり、その人のやりたいことを尊重したいと思います。

　一つだけ困るのは、自分から「こうしたい」と思って演奏をつくってくれる人がとても少ないことです。**自分からこうやりたいと思う表現をつくって**からレッスンにくると、実りの多いレッスンになるでしょう。

きほんの「上」に

失敗に学ぶ

●本番の失敗を生かす

　私も、プロ奏者にしては失敗が多いほうだと思います。本番で緊張して次のフレーズを忘れたり、ふっと集中が途絶えたときに音を間違えたり。そのたびに落ち込みますが、失敗は誰にでも起こりうることだ！ と開き直り、次のコンサートに向かいます。

　音楽家同士の話でも、失敗談がよく挙がります。結局、失敗はありうることとして、その後に**どのように対処するかが大事**だよねという話に落ちつきます。失敗した後は、また失敗したらどうしようと落ち着かなかったり、逆に失敗しないぞ！ と力んでしまったり……余計に事態が悪化するほうに進んでしまいがちですが、**呼吸と体を意識**することで、多少は悪化が防げます。

　でも、もうこれ以上練習できないってくらい練習を積み重ねても、私のように何年も楽器を弾いていても、緊張はします。ドキドキします。脚も震えます。逃げ出したくなります。大事なことは、緊張した自分を否定しないことだと思います。そして、緊張し失敗の数を重ねて、うまくいったかもしれないというコンサートがあれば、しめたものです！　何度かに一度、ひょっとしたらうまくいっているという感覚があれば自信につながります。そして、緊張していてもなんとかなる！ と思えるようになれば、少しずつ楽になってくるでしょう。

●練習のときから良い状態をつくっておく

　コンサートだけではなく、ふだんの練習でも小さな失敗がありますよね。私が音大の廊下で練習していたときです。音程の取りにくい箇所を繰り返し練習していると、ある先輩に「前田、なにやってんの？」と声をかけられました。私は、この部分の音程が取れないんですと話したら、「聴いてると同じところが同じように音程取れてないよ。それだと、音程外す練習している

ことにならない？　テンポを落として確実に取れるようになってからにしたほうがいいよ」と言われました。私は確かにそのとおりだと思い、ゆっくりから練習をし直してみると、音程が取れるようになったばかりではなく、良い指使いや弓の使い方まで変わってきました。

　練習のときに、回数を多くして自分の根性を試すのもときにはよいのですが、やはりうまくいっている状況を練習のときにつくっておくのはとても大切なことなのです。そのためには、**頭と耳を使わなくてはいけませんね！**

●失敗を肯定する

　スポーツ指導で、失敗を肯定するよう教える先生が多くなってきました。例えばサッカーなら、シュートを怖がらずに打つようにとか、ギリギリのパスを出すようにとか、チャレンジしていくことが大事だと教える先生が増えているようです。楽器の演奏も同じようなところがあって、音程を低く外すなら高く外せ、と先輩によく怒られました。ここかな、と思って低めに狙った音より、思い切ってパン！　と外した音のほうが、聴いている方も気持ちがよいようです。失敗しない人はいません。失敗の仕方で、**良い失敗と良くない失敗**に分かれます。次につながる良い失敗をしましょう。

　ウィーン留学中、学内発表会でこんなことがありました。日本人とスペイン人の学生が同じ曲を演奏しました。日本人は小さな失敗をして、それが積み重なってミスに引きずられたまま演奏を続けました。その後スペイン人も同じようにミスをしたのですが、「え？　おれ失敗してないよ」という顔をして、最後まで見事に弾ききりました。結果、拍手はスペイン人のほうが大きいものでした。聴衆が聴くのは「音楽として説得力があるかどうか、音楽の流れがあるかどうか」であり、間違いに気付くのは奏者が間違えたことを公開した瞬間です。間違えたときに一度止まってやり直す人も多いのですが、減点法ではなく加点法で前向きに演奏するのがよいと思いますよ。

きほんの「上」に

弾くことは聴くこと

●「好きな音」をみつける

自分の音が好きですか？ 「いい音だなぁ〜」と思っていますか？ あるいは、この音はちょっと……と思ったりしていますか？

自分がどういう音を良い音だと感じるか、自分の中に「**出したい音**」「**良い音**」のイメージがないと判断がつきません。たくさん耳を使うことで、だんだん自分がどういう音が好きか分かってきます。そうすると、自分の出すコントラバスの音が好きかどうかも分かってきます。

●「聴く」をもっと身近に

留学中、私は何度もオペラを見に行きました。留学中ですから安い席で数多く聴いていたのですが、決まって一人のおじいさんが近くの席に座っていました。あるとき（ワーグナーのオペラだったと思いますが）、そのおじいさんの隣に座る機会がありました。おじいさんは舞台にかぶりついて見ています。驚いたことに、彼は音楽を聴いているだけでなく、すべての歌詞を諳（そら）んじていたのです。つまりオペラ全幕の歌詞を覚えているということです。すごいことですよね。どこにでもいる普通のおじいさんがその水準だということ、つまりそれが文化ということなのです。

日本でも歌舞伎の舞台をぜんぶ諳んじている人がいますが、それも文化ということだと思います。私たちも西洋音楽をやっている以上、自分たちの中にその音楽を文化として取り込んでいることが必要なのではないでしょうか。

コントラバスを弾きたいと思うのであれば、「聴く」ということを面倒くさがってはいけません。**「聴く」という行為自体がその人の音楽をつくる**と思ってください。

●響きと感情のバランス

　自分の出したい音が見えてきたら、それをどう実現させられるのでしょうか。「こうしたい、こういう音が出したい」という気持ちを響きの中に込めることが大事ですが、感情だけが先走ってしまうと美しさがなくなってしまいます。では、どうすればよいのでしょうか。

　「もともと楽器がもっている音の美しさが根底にあり、その中に感情がある」という状態を奏者がつくらなくてはいけないと思います。喜怒哀楽が「音の中に秘められ」てこそ、響きが意味をもってくるのです。「音に込める」ということなのです。

●音も個性

　音を出した瞬間にその音は消えていく運命にありますが、音楽として演奏した場合、出した音は次の音へとつながり響きをもちます。自分が出した音がその瞬間に合っている音なのか、自分が美しいと感じるのか、それが出した音への判断基準になります。その判断材料となるのは、これまでに蓄積された記憶がつくり出す意識なのでしょう。それはふだんから意識されるものではなく、無意識と言われるものです。

　そしてもっと言えば、「音楽として聴いてきたものだけがその基準をつくり出しているのか？」ということです。私はそうではないと思います。家族の声、人の声、自然の中の音、自然ではない音……。音だけではなく目で見えるもの、光や海の青、木々の緑、ひょっとしたら味覚や触覚、嗅覚までが、美しい（あるいはいいなぁ）と感じるものを、個人個人の中につくりあげていくのだと思います。

　個人個人が美しいと感じるものが違うということがあるのは、**個人の経験の差**なのでしょう。ですから、同じ楽譜を弾いても違う表現になるということは当然のことなのです。だからこそ、音楽にはすばらしい可能性が秘められているのだと、私は思います。

きほんの「上」に

おわりに

　私は、偶然でしたがコントラバスという楽器を持ったこと、音楽を仕事にしていることはとても幸せなことなのだなと感じています。
　音楽を通して、あるいは楽器がうまくなりたいという気持ちをもとに、本当にさまざまなことに手を出しました。本を読んだり、そのことで興味をもったことに飛び込んでみたり、体をしっかり使えるようにとスポーツに手を出してみたり。そのすべてが今の私をつくっています。
　コントラバスを渡されたとたんに、さまざまな曲を弾くことになると思います。そしてその曲が好きだなと思ったら、その曲について知りたいと思いませんか？
　私はコントラバスを通して吹奏楽やオーケストラ、あるいは室内楽など、さまざまなジャンルの曲を弾いてきました。曲を弾くうえでいちばん心掛けていることは「楽譜のとおりに弾く」ということです。例えばフレージングやダイナミクスなど、小さなことでも見落とさずにしっかり弾く、なおかつそれを自分の美しいと思える音で弾くということに力を注いできました。ただ、それだけではいけないと思います。作曲家が作曲した時代まで振り返ってみて、その人がどういう状況でこの曲をつくったか、この曲をとおして何を表現したかったか、そういうところに思いを寄せてその音を出すということも大事なのではないかと思っています。
　このように、曲の隅々まで勉強していくと、一つの曲を弾くだけでさまざまな情報を知ることになります。それが、10曲になり100曲になり。人の営みの中で音楽がつくられてきた過程を知ることになるでしょう。本を読んだり、絵を見たり、芸術と呼ばれるものを鑑賞したときに感じる、ほかの人の人生の一部分を体験していくという経験が音楽を演奏することでさらに身近に感じることができます。それこそが、楽器を演奏する楽しみではないでしょうか。

そして、もしもあなたが楽器をやめたいと思ったときに、思い出してもらったらうれしいなということがあります。
　コントラバス奏者が楽器をやめたいと思うときというのは、だいたい合奏でうまくいかないとき、あるいは合奏がつらいときです。もしも合奏しているのがつらいという思い出しかないと難しいですが、合奏が楽しいと思う瞬間があったら、その瞬間のことは絶対に忘れないでほしいと思います。いろいろ書いてきましたが、コントラバスは基本的に合奏の中が楽しい楽器です（もちろんソロもよいですが）。その楽しかったという記憶を、もち続けていてくれたらうれしいです。そしていつか、コントラバスを弾くチャンスがもう一度あったら、ぜひ合奏に参加してみてください。それこそがコントラバスのもともと作られた理由なのですから。
　そして、いつか楽器が弾けなくなるときがきます。でも、音楽はあなたのそばにあって、ずっと美しい瞬間を与え続けてくれます。そのときに音楽が自分のそばにあってよかったと感じるのではないでしょうか。
　私は、楽器を弾いて音楽をすること自体が人生の目標ではないような気がしています。音楽によって自分の中の興味が深まった部分や美しいものに触れて、自分もそこに近づきたいと精神的に願う気持ちをもつことのほうが大切だと思うのです。だからこそ、これからも自分と音楽との関係をよりいっそう深めていきたいと思っています。
　やがて、音楽が教えてくれたものがあなたの心をつくっていることに気付くでしょう。
　あなたのそばに、ずっと音楽がありますように。

2018年12月
前田芳彰

特別寄稿

「本番力」をつける、もうひとつの練習
誰にでもできる「こころのトレーニング」

大場ゆかり

　演奏によって、私たちの心を動かし、魅了してくれるすばらしい音楽家たちは、表現力が豊かで卓越した演奏技術はもちろんのこと、音楽に対する深い愛情をもち、音楽を楽しむ気持ちを大切にしています。そして、音楽や自分なりの目標や夢の実現に向け、真摯に音楽と向かい合っています。また、逆境やアクシデントをチャレンジ精神やポジティブ・シンキングで乗り越える強さとしなやかさもあわせもち、演奏前や演奏中には高い集中力を発揮しています。

　さて、日々の練習の集大成として最高のパフォーマンスをするため、本番に理想的な心理状態で臨むためには、心の使い方や感情・気分のコントロールができるようになることが必要です。

●こころのトレーニングを始めよう!

　まずは、これまでやっていたこと、できそうなこと、やってみようかなと思えることに意識的に取り組んでみましょう。

①**練習前後に深呼吸をしたり、目を閉じて心を落ち着かせる**
　緊張・不安、やる気のコントロール
②**練習中に集中できなくなったときに体を動かしたり、気分転換をする**
　集中力の維持・向上
③**ちょっとした空き時間や移動時間を利用して曲のイメージを膨らませる**
　イメージトレーニング
④**本番で拍手喝さいを受けている自分を想像する**
　イメージトレーニング

⑤練習記録をつける
　　目標設定とセルフモニタリング（記録と振り返り）
⑥寝る前にストレッチやリラックスする時間をとる
　　ストレスの予防・対処

●「練習記録」と「振り返り」でステップアップ！

　上達のためには、本番や目標への取り組み過程や練習内容・成果、体調・気分、できごとを記録し、振り返ることが大切です。記録と振り返りを行うことにより、自分の状態や課題、自分自身の体調や気分の波、練習の成果が現れるプロセスやパターンに気付けるようになります。また、記録することで、取り組み内容や頑張ってきたこと、工夫したことなどを、自分の目で見て確認することができるため、やる気を高く保つことにもつながります。本番前など不安が大きくなったとき、自信がもてないときに、あなたの練習記録があなたを励まし、本番に向かう背中を押してくれることでしょう。

練習記録の例

わたしの練習日記

日付	できた？	練習内容	結果	体調・気分
4月8日(月)	△	基礎練	スケールをいつも間違える	寝不足
4月9日(火)	◎	課題曲のC	うまくできた	元気
4月10日(水)	○	パート練	Eのユニゾンがそろった！	元気
4月11日(木)	△	譜読み	臨時記号で間違える	だるい
4月12日(金)	○	課題曲の全体合奏	いい感じ！	◎！
4月13日(土)	×	イメトレ	模試でほとんどできなかった	微熱
4月14日(日)	○	ロングトーンとスケール	10分だけだったけど、集中していい音が出せた	元気。午後からは遊んだ

《4月2週目まとめ》　←振り返る（1週間でなく1か月単位でもよい）

●先週より音が良くなってきたかも。
●指はやっぱり難しいから来週はゆっくりから練習しよう。

● 「振り返り」のポイント

　これまで練習してきたことや取り組んできた課題、目標が十分に達成できたかについて考えましょう。

　本番の成績や順位、点数、合否、ミスタッチの有無など「結果」も気になりますが、「プロセス（これまでの頑張り）」に注目しましょう。

●音楽と長く楽しく付き合っていくこと

　心理学者のアンジェラ・リー・ダックワース博士は、一流と呼ばれる人たちは、生まれもった才能や資質に恵まれている特別な人なのではなく、グリット（やり抜く力）と呼ばれる一つのことにじっくりと取り組み、失敗や挫折にめげずに粘り強く取り組む力や努力を続ける力が非常に高いことを明らかにしました。ダックワース博士は、「努力によって初めて才能はスキルになり、努力によってスキルが生かされ、さまざまなものを生み出すことができる」と言っています。たとえ、2倍の才能があっても2分の1の努力では決してかなわないというのです。

グリット（やり抜く力）

●情熱
・一つのことにじっくりと取り組む姿勢
・長期間、同じ目標に集中し続ける力

●粘り強さ（根気）
・挫折にもめげずに取り組む姿勢
・必死に努力したり挫折から立ち直る力

せっかく始めた音楽を「才能がない」「素質がない」と言ってあきらめてしまったり、頑張ることをやめてしまったら、それは、自分で自分の可能性の芽を摘み、自らできるようになる未来を放棄してしまっていることと同じことになってしまいます。もし、「どうせ」「無理」「できない」と弱気の虫が出てきてしまったら、あきらめてしまう前に、音楽を好きだ・楽しいと思う気持ちや、初めて楽器に触れたときのこと、初めて良い音が出せたと思えたときのこと、仲間や聴衆と心を通わせ音を合わせて紡いだメロディーや一体感を思い出してみてください。

　そして、できない・うまくいかない今のことばかりにとらわれ続けて、ただやみくもに練習を繰り返すのではなく、できるようになった未来を明確に思い描きながら、できない今とできるようになった未来の違いを考えてみましょう。

　そうすると、できるようになるためにどうすればよいのか、今、自分に必要な練習は何か、乗り越えるべき課題は何かをはっきりさせることができます。さらに、うまくできている人のまねをしてみたり、うまくいくコツを見つけたり体感したりしながら、さまざまな工夫や試行錯誤を繰り返すことが、課題を克服するための具体的で現実的かつ効果的な練習にもつながります。

　才能や能力は伸びるものだと信じ、「今はまだできなくても、練習すればできるようになる」と考えるようにすると、今はまだできない課題の克服のための努力や挑戦を続けていく力が生まれてきます。まずは、「必ず、できるようになる！」と強く信じ、日々、できたことやできるようになったことに注目しながら、あきらめず、粘り強く、できるようになっていくプロセスを楽しみつつ、音楽と長く楽しく付き合っていってください。

大場ゆかり　九州大学大学院人間環境学研究科博士後期課程修了。博士（人間環境学）。武蔵野音楽大学専任講師としてメンタル・トレーニング等の講義を担当。『もっと音楽が好きになる　こころのトレーニング』を音楽之友社より刊行。

著者プロフィール

前田芳彰（まえだ・よしあき）

Photo © Masato Okazaki

東京佼成ウインドオーケストラ団員。桐朋学園音楽学部ディプロマ・コースを経て東京フィルハーモニー交響楽団に所属、在団中ウィーンに留学。2001年より現職。佼成ウインド定期演奏会でソリストとして出演。ソロ・コンサートにも多数出演している。DVD『コントラバス・マスター』（ブレーン株式会社）発売中。

もっと音楽が好きになる　上達の基本　コントラバス

2019年 2月10日　第1刷発行

著者	前田芳彰
発行者	堀内久美雄
発行所	株式会社 音楽之友社

〒162-8716　東京都新宿区神楽坂6-30
電話　03（3235）2111（代表）
振替　00170-4-196250
https://www.ongakunotomo.co.jp/

装丁・デザイン	ツヨシ＊グラフィックス（下野ツヨシ）
カバーイラスト	引地 渉
本文イラスト	かばたたけし（ツヨシ＊グラフィックス）
楽譜浄書	中村匡寿
写真	岡崎正人
印刷・製本	共同印刷株式会社

©2019 by Yoshiaki Maeda　Printed in Japan
ISBN978-4-276-14590-0 C1073

本書の全部または一部のコピー、スキャン、デジタル化等の無断複製は著作権法上の例外を除き禁じられています。また、購入者以外の代行業者等、第三者による本書のスキャンやデジタル化は、たとえ個人や家庭内での利用であっても著作権法上認められておりません。
落丁本・乱丁本はお取替いたします。